新媒体时代环境下群众文化的推广策略

温静君 著

延边大学出版社

图书在版编目（CIP）数据

新媒体时代环境下群众文化的推广策略 / 温静君著.
-- 延吉 : 延边大学出版社, 2023.9
ISBN 978-7-230-05587-1

Ⅰ. ①新… Ⅱ. ①温… Ⅲ. ①群众文化－文化工作－研究－中国 Ⅳ. ①G249.2

中国国家版本馆CIP数据核字(2023)第188754号

新媒体时代环境下群众文化的推广策略

著　　者：温静君
责任编辑：史笑笑
封面设计：文合文化
出版发行：延边大学出版社
社　　址：吉林省延吉市公园路977号　　邮　　编：133002
网　　址：http://www.ydcbs.com　　E-mail：ydcbs@ydcbs.com
电　　话：0433-2732435　　传　　真：0433-2732434
印　　刷：廊坊市广阳区九洲印刷厂
开　　本：710×1000　1/16
印　　张：12
字　　数：220 千字
版　　次：2023 年 9 月 第 1 版
印　　次：2023 年 9 月 第 1 次印刷
书　　号：ISBN 978-7-230-05587-1

定价：78.00 元

前　言

近年来，新媒体快速发展，以其锐不可当之势给传媒行业带来了巨大的变革，并在发展中逐渐取代了传统媒体。新媒体的应用提高了新闻的时效性，人们可以利用网络及时获取信息，改变了传统的信息获取渠道，打破了时间和空间的限制，同时，增强了受众的主动性。传统媒体受限于报纸、杂志、电视等形式，而新媒体则满足了大众随时随地查看信息资讯的需求。当前，新技术工艺不断更新发展，新媒体运营的成本大幅度下降，越来越多的受众群体实现了资源实时共享，信息获取更加方便快捷。

人民群众是教育的主要对象，加强群众文化的推广工作有利于丰富群众生活，传播积极健康的文化，提升群众的文化素养，开阔群众的文化视野，让群众了解各种文化艺术形式，构建和谐的社会氛围，对于弘扬社会主旋律有积极的意义。新时期，新媒体技术不断推广，在各个领域的应用效果十分突出，这也给推广群众文化工作带来了新机遇和新渠道。结合新媒体，能够创新群众文化的推广形式，更新工作方法，对推动基层群众文化建设有重要的意义。基于此，本书围绕新媒体时代环境下群众文化的推广策略展开深入研究。

笔者在撰写本书的过程中，参考了大量的文献资料，在此对相关文献资料的作者表示由衷的感谢。此外，由于笔者时间和精力有限，书中难免会存在不足之处，敬请广大读者和各位同行予以批评、指正。

温静君

2023 年 7 月

目　录

第一章　群众文化的起源与发展

第一节　原始社会的部族文化

人类历史的大部分时间是原始社会时期，它前后历时有数百万年之久。据考古文献资料推测，类人猿在生产活动中大约经历了 100 万年才演变为前人，又经历几乎相同的时间进化成现代人。一般认为，人的生理进化有赖于语言作为交际工具和用概念进行思维的进步。

远古文化已成为过去，但它没有消亡。一方面，它通过记忆、传说、精神价值体系、认识世界的方法、礼仪等传承衍变下来；另一方面，人们通过考古、查阅古籍、考察尚存的原始部落做出直观的判断。

一、部族文化是原始社会生活的反映

原始社会是由血缘关系联系起来的。这种由血缘关系结成的原始社会基本的社会经济单位称为氏族；由若干血缘相近的胞族或氏族结合而成的原始社会的一种社会组织叫部落。部族是部落和氏族的合称。

（一）协调和再现生产劳动

在原始社会，自然环境险恶，社会环境艰苦。原始人生活劳动的目的是满足物质生活和繁衍后代的需要。但人类通过劳动又不断地促进着大脑的发展，

进化着自身，形成了能进行群众文化活动的身体条件。他们从自己劳动的过程和结果中看到了自身的力量，继而想再度体验这种因成功而引起的情感冲动，于是将自己劳动的过程或收获通过某种文化形式予以再现，从而产生了原始的群众文化，即部族文化。

部族文化开始的时候，它并不作为一种特殊的、独立的形态出现，而是与群体生产劳动的过程联系在一起，从而反映出原始人群逐渐认识现实的过程，以及他们对周围世界的最初概念和感受。群体生产劳动不仅是群众文化产生的前提和条件，而且还是群众文化产生的直接动因。

（二）形成审美意识和创造美

审美是原始人类在生产劳动的实践中形成的。在人类制成第一把石刀之后，审美就在劳动的基础上逐渐发生了。开始仅仅是实用，人们用一块石头去敲打另一块石头，打出了薄刃，能帮助砍、切、割，成为能使用的工具。接着是既具实用性又具审美性，人们在劳动生产和社会生活中逐渐积累了制作石刀的经验，不仅能复制，而且还能根据用途的不同，制作不同的石刀，并且做得越来越精细、匀称、巧妙，甚至还增加了装饰性的色彩和图案，使石刀用着方便，看着舒服。最后是仅具审美性，即原始人类在群体劳动中使用石刀的过程中，在“排除”实用性这一方面后，将审美性这一方面提炼出来，形成了审美的观念，将石刀制作成不具有实用性的装饰品。普列汉诺夫（Georgi Valentinovich Plekhanov）曾描述道：“那些为原始民族用来做装饰品的东西，最初被认为是有用的，或者是一种表明这些装饰品的所有者拥有一些对于部落有益品质的标记，而只是以后才开始显得美丽的。使用价值是先于审美价值的。但是，一定的东西在原始人的眼中一旦获得了某种审美价值之后，他就力求仅仅为了这一价值去获得这些东西……”

爱美观念的生发、审美意识的形成，并陆续在饰器、文身及自娱活动的形式上体现出来，从而形成了部族群体爱美并创造美的文化意识及其行为模式。

（三）共同感情与原始崇拜

原始人类在击退野兽的侵扰，或躲过了一场自然灾害后，常常会在一起欢歌跳跃；如果出现了令人悲痛或愤怒的情况，也常常会做出涌动着另外一种情绪的舞动与呼号。情感不仅是艺术的重要内容，而且也是艺术创作的强大动力。这些因群情激昂而产生的最早形式的群众歌舞，是部族文化的早期形态，以后又在部族的历史发展过程中出现新的内容与形式。

在人类社会生产力有了一定的发展，但发展水平又不高，人类的形象思维和抽象思维能力已达到一定的程度，但又不甚成熟的情况下，原始人类面对艰险的生存环境和美好的发展愿望，就产生了原始的崇拜。

最初的崇拜表现为以反映自然现象、季节更换等为内容的庆祝活动。大约到了旧石器时代的中、晚期，人类产生了一种灵魂不灭的观念和埋葬死者的仪式。新石器时代，人们的原始宗教观念又进一步发展，出现了图腾崇拜。他们相信自己的族群与某种动物或植物之间，甚至与自然物之间有着亲属或其他特殊的联系，是自己族群的起源，而将这对象物作为自己族群的祖先、保护神加以崇拜。这种“特殊的起源”使部族群体认识到自己与其他部族群体的差异性，即认识到自己族群的个体性、特殊性。随着图腾崇拜的产生，人们有了“自己的”和“外人的”之间的界限，由此形成了社会自我认同的关键成分，从而在许多方面决定了文化的发展途径。法国拉斯科洞窟壁画、中国内蒙古远古岩画等都有部族文化中关于图腾崇拜的舞蹈活动的印证。此外，部族人举办崇拜活动时，模仿图腾对象物的声音和用图腾对象物的实物制作的乐器奏出的节奏和韵律，形成了与图腾崇拜结合在一起的原始音乐。当然，还有绘制图腾对象实物的美术，以及将所有这些图腾崇拜艺术综合在一起的图腾崇拜程序或仪式的礼仪文化，构成了相当完整的图腾文化。从本质上说，图腾崇拜在当时是部族群体认识自己、凝聚自己、统一自己的手段。

（四）原始宗教与巫文化

宗教是一种社会意识形态，它是自然力量和社会力量在人的头脑里的一种虚幻的反映。恩格斯指出，一切宗教都不过是支配着人们日常生活的外部力量在人们头脑中的幻想的反映，在这种反映中，人间的力量采取了超人间的力量的形式。

远古时代，原始人类对自然界千变万化的现象不能理解，对自然灾害无法抵抗，对自己的梦境和身体结构无法说明，于是就以为有一种可怕的超人间的力量在支配着世界，于是在原始崇拜衍化的过程中，产生了原始宗教及伴生的独特的文化现象——巫文化。

巫术是最古老的一种宗教形式，由一整套带有象征意义的行为、仪式和咒语组成。巫术者通过一定的行为、咒语、仪式在幻想中“操纵”某种神秘的力量来影响人们的生产或自然事物，以期达到所求的目的。在原始文化中，逻辑、因果等因素几乎不会妨碍、制约巫术的幻想手段和表现形式，因此巫文化有着令人震惊的鲜明性和多样性。

原始宗教在举行仪式时，在巫师的引导下，人们的信仰和祈求在仪式的过程中，主要是通过群体的参与，以群众文化的形式，最后在原始人群的想象中、精神中得到“落实”的。恩格斯根据北美洲印第安人的史料指出：“各部落各有其定期的节日和一定的崇拜仪式，特别是舞蹈和竞技；舞蹈尤其是一切宗教祭祀的主要组成部分；每一部落各自庆祝自己的节日。”可以这么说：巫文化之所以对早期人类的生活有着广泛而深刻的影响，是因为巫文化已经将原始思维中相当一部分的哲学、科学、宗教、道德、艺术、习俗乃至社会组织、制度的成分包罗其中，而组合成了一个独特的群众文化体系。

（五）神话传说

神话是原始人类对自然现象、社会现象、生理现象，幻想出来的具有艺术意味的解释和描述，是集体口头创作的群众文化。

原始人类将客观世界各种变化的动力都归于神的意志和权力，并将这种自然力予以人格化、形象化，随后又在生产劳动的实践中按照自己的英雄人物形象，创造了许多神的故事，在口头流传。

神话虽由幻想构成，但这种幻想不是毫无根据的，而是有现实生活做基础；神话的种种解释描述似乎有些荒唐可笑，但它又不是纯意识和纯心理的活动，而是现实生活斗争的反映。神话一般都会表露出原始人群同自然做斗争的坚决意志，坚信人们的力量可以征服自然。

由于语言艺术给人留下更多想象的空间，它的召唤性结构能给人们留下更多再建构的余地，所以神话传说在传播的过程中，会吸引、汇聚更多人群参与接受活动，或进行渲染、修饰、补充等再创作的活动。

正如列宁指出的，“不言而喻，没有被反映者，就不能有反映”，部族文化不无例外地，是原始部族社会生活的反映。

二、原始文化与原始群众文化是共通的

在原始社会中，原始人类面对险要的、变幻莫测的大自然，面对众多而强大的毒蛇猛兽的侵袭，为生存和生活而承担起艰巨繁重的狩猎、劳作等。他们一方面相聚而居，协同众力，依靠群体的力量去克服各种各样的困难，争取生存的权利；另一方面凭借着不断改善生理、心理条件，努力创造，尽力改善自己的生存环境。人作为生物，同其他生物一样，具有共同的自然属性；但人的活动毕竟又和其他生物不同，人只能生存于社会之中。

部族先民与猿类区别开以后，在艰难困苦的物质生活中结成了群聚一起的人际关系，不仅是生产实践的，而且涉及社会的方方面面，是文化萌发的温床。必须指出的是，这种文化从它开始孕育，就是群众文化，因为在原始社会生产力低下，群体力量的发挥是主要的、绝对的。原始文化也得力于群体的参与。在青海省大通回族土族自治县出土的陶盆上，绘制着人群手拉手围成圆圈踏歌

起舞的形象，就非常生动地反映了这种群体性。其实这种现象在当时还不仅仅表现在舞蹈方面，无论“举重劝力之歌”“击石拊石之乐”，还是其他种种文化行为模式，都体现了人们群体参与文化活动的普遍性和广泛性的特点。这是原始文化与原始群众文化共通性的第一层面，即本质性原因。

原始文化与原始群众文化共通性的第二层面为社会分工上的原因。原始人类在当时生产力非常低下的情况下，不可能专门有一些人去从事文化艺术活动，即使是从事巫术的巫觋，他们掌管占卜祭祀、指导部族行动等工作，也只是一种兼职，而不是一种专职。可以说，原始社会没有专业文化，原始文化具有非职业的特征。原始文化基本上表现在原始人与生产劳动、社会生活相交融的群众文化的活动上。普列汉诺夫经过广泛的调查研究，得出结论说：“在原始部落那里，每种劳动有自己的歌，歌的拍子总是十分精确地适应于这种劳动所特有的生产动作的节奏。”美洲印第安人出猎之前，要跳狩猎舞，扮演熊、野牛、鹿、狐狸等的动作、叫声以及它们被猎获的情形；特别是当他们找不到动物而受到饥饿威胁的时候，就会连续跳野牛舞，一直跳到找到野牛为止。

第三个层面表现为传承教育上的原因。原始人作为个体入世入群，就要掌握社会生存所需要的知识技能，在进入社会化的进程中，需适应规范并能作自我调节；部族为进一步繁衍和壮大，同样需要传承与教育。能寓教于乐、潜移默化完成这些重要工作的，特别在文字出现以前，主要的中转媒介就是群众文化。在人类相对蒙昧的时代，人类强调着群体的力量，要求的不是“精英教育”而是大众教育，即群体教育，于是社会对人的规范、引导、强化都与群众文化联系在一起。

原始文化是原始部族群体所创造、所共有的一种文化类型。所以它也是原始部族群体具有感情色彩的血缘文化或地域文化的结合体。原始文化的传承方式是实物、行为和语言。原始文化与原始群众文化的共通性表明了群众文化的古老悠远与它作为一切文化母体的丰厚根底。两者在原始部族文化时期的共通性，极大地影响了后代群众文化的种种物质的形成。

第二节　阶级社会的群众文化

人类进入阶级社会之后，随着阶级的分化，文化活动发生了两个根本的变化。一个是有了物质生产和精神生产的分工，出现了一部分脱离物质生产，专门从事精神生产的人，并在群众文化的基础上逐渐产生了专业文化。另一个是文化本身也产生了分化，出现了剥削阶级的文化和劳动人民的文化；前者主要是为剥削阶级服务的宫廷文化和为他们所利用的宗教文化，后者则是与之相对立的为劳动人民服务的民间文化，即群众文化。

我国经历了几千年有阶级的社会，在这漫长的历史进程中，群众文化顽强地生存着、发展着。它与专业文化在不同的领域、不同的层面上发展和不断创新，并且又相互影响、互相促进，形成了中华民族灿烂辉煌的文化宝库。

一、奴隶社会的庶人文化

原始社会末期，随着生产力的发展，畜牧业和农业生产有了剩余产品，私有观念形成，生产资料和生活资料渐渐地成为私有财产。部族战争中的俘虏被迫从事劳动生产，一般部族成员则降为庶民，或转而成为奴隶，部族首领转变为奴隶主。奴隶和奴隶主两个相对抗的阶级形成。

在奴隶社会里，土地分配的形式逐渐演变为井田制度。在中国，井田制度直到西周末年才瓦解；古代埃及的土地制度，其结构和形式基本上与井田制一样；古代印度的村庄从人员到布局也都是按计划排定的。井田制上的劳动者是“众”或是“庶人”，埃及古王国时期称作“麦尔特”。庶人原是农村氏族公社的成员，进入阶级社会后，他们连同土地一起成了奴隶主贵族的财产。

在阶级分化和社会制度的更迭中，民谣成了庶人集体的口头创作。民谣反映了他们劳动生活、教化子弟、调节心情和开展娱乐的情景，同时也是同奴隶主进行斗争的一种武器。如《尚书•汤誓》诅咒奴隶主道：“时日曷丧？予及汝皆亡！”意即你这个太阳为什么还不灭亡呢？我们宁愿和你同归于尽啊！

进入奴隶社会以后，原始社会的图腾崇拜的乐舞礼仪转化为祭祀祖先的乐舞礼仪，求神娱神的乐舞礼仪演变为巫舞、傩舞礼仪。其中一些为奴隶主所利用，并被当作享乐和奴化庶人的工具；其中一些则为庶人所用，或用作对祖先、前辈的祭祀、纪念，或用作丰收、平安、吉祥的祝愿、庆贺。

在古代中国，腊祭相传创始于神农氏时代。由于腊祭的内容与农业生产密切联系，所祭祀的八神均为庶民所尊敬，所以腊祭之时，庶人与其他奴隶吹着笛，打着鼓，唱着歌，跳着舞赶着去参加。

世界其他文明古国奴隶社会时期的群众文化，也一样在庶人和奴隶们的艰苦和创造性的劳动中发展出“兴旺”的景象。埃及尼罗河畔蔚然壮观的金字塔、印度恒河流域叹为观止的佛塔雕刻、古希腊影响深远的但历时 300 年才定本的《荷马史诗》等，无不是庶人与奴隶们勤奋与智慧的结晶。

奴隶社会的庶人文化有其鲜明的特征：

第一，随着奴隶主和奴隶的出现，原始文化开始分解，全民性的群众文化不复存在。部分庶人文化进入宫廷之后，除却思想内容，宫廷文化的艺术形式及其技艺主要出自以庶人为代表的劳动人民之中。具有较高成就的宫廷文化应该是庶人文化结出的硕果。

第二，庶人文化脱离了原始状态而趋向完整，初期的群众文化中的各艺术门类相继成形，技能技巧有所提高。如庶人民谣的艺术特色已讲究赋、比、兴的运用，这些表现手法对后世诗歌乃至整个文学都产生了极大的影响。庶人歌舞自娱乐性强，但经娱人娱神成分的增加，并与民间生活、习俗的紧密相连，表现范围扩大了，技巧也提高了。庶人美术的发展则表现为进入实用领域，美化了人们的生活。

二、封建社会的平民文化

战国时期（公元前 475 年—公元前 221 年）是我国封建社会的开端。

春秋时期，随着铁器农具的使用，私田的开垦越来越多，井田制遭到破坏，奴隶社会的土地国有制逐渐为封建土地私有制所替代。在新兴地主阶级的推动下，战国时期各诸侯国先后开展了“变法”运动，准许土地自由买卖及奖励耕战等。变法历经 100 多年，新的封建制逐步建立起来，于是出现了地主和平民两大社会阶层。

各国进入封建社会的时间与途径是不同的，西欧是在西罗马帝国灭亡以后（公元 476 年）才逐渐进入封建社会的。

在我国封建社会中，平民是指特权阶层之外的老百姓。在西欧封建社会中，平民是指城市居民中的帮工、雇工、短工、手工业者、小商人等。

封建制度建立以后，平民与封建地主或领主有着人身依附的关系，处于被剥削地位，但已具有一定程度的人身自由。平民是推动封建经济和封建文化发展的主要力量。

秦朝平民文化最为突出的是民间盛行的角抵，同现代的摔跤相似。角抵发展到汉朝，扩大到了包括角抵、杂技、武术、幻术、滑稽、音乐（演奏与演唱）和舞蹈等在内的百戏（又称“散乐”）。至唐宋时期，百戏更为流行，节目也更丰富多彩；平时，一个民间娱乐活动往往囊括音、舞、戏、技、曲艺、歌谣等多种形式的许多节目。

特别是自宋代以后，新兴城市有许多方面的需要，城市居民对文化生活有各种企求，许多乡村民间艺人走入城镇。当时，两宋京都在许多商品交易的集中地“瓦肆”（又称“瓦舍”“瓦子”）中设有“勾栏”（又称“棚”，供艺人献艺或是买卖工艺品）。乡村平民文化在城市经过锻炼、提高，常常会绽出令城市平民击节赞赏的奇花异卉。《武林旧事》在罗列了吹、弹、舞、拍、杂剧等 34 种“赶趁人”（即民间零散艺人）之后还说“不可指数，耳目不暇接焉”。

我国明清的平民文化，从文化商品市场较活跃的市镇向农村辐射、扩散。如演出传奇戏文的戏班剧社，将新鲜剧目演遍大中城市后，接着就转入农村庙台、草台。

我国封建社会的群众文化还常和道、释、哲学及其他宗教意识联系在一起。多苦多难的平民常常从宗教中寻求精神寄托，或主动、或被动地卷入宗教文化的活动，诸如庙会百戏、寺窟雕绘等，并且大显其身手，从而创造了封建社会时期光辉灿烂的宗教文化。

封建社会的平民文化也在国际的文化交流中得到发展。如汉朝张骞两次出使西域，相继带回西域多国的乐舞、幻术；南北朝至隋唐，大量的外国及少数民族的乐舞传至中原等，使我国的固有群众文化，因增添了异国、异族群众文化的养料而得以更迅速地发展。

封建社会的历代统治者对可利用的，或在政治上无大妨碍而在艺术上有价值的平民文化，会予以一定的鼓励、扶植，如汉朝设置乐府，专门收集“汉世街陌谣讴”即是一例。乐府成员，主要是来自各地的民间艺人，他们将民间乐舞重新编制，提高了乐舞的技艺并扩大了社会影响。而这些经过一定专门训练的乐人、舞人如果回到民间，在客观上又促进了平民文化的提高和发展。

封建社会的平民文化主要有三个特征：

第一，生产力的发展促使相对统一的、封建专制主义中央集权国家的形成，文化的凝聚力与交互作用增强了。且随着物质水平的提高，社会生活内容日趋丰富，人们对精神生活的需求增大，从而进一步促进了平民文化的发展。

第二，由于文化艺术门类增多，活动形式和内容多样变化以及各国、各民族之间文化的交流，道、释教文化艺术的形成等因素，封建社会平民文化的包容性和覆盖能力比奴隶社会的庶人文化显著增强；由于一些士人对文化的重视、一些专门从事平民文化的机构的建立以及平民文化商品意识和文化市场的出现，平民文化活动的技能、技巧逐渐讲究精微性，并向高难度发展。

第三，封建社会新兴城市不断出现，商业经济日趋繁荣，城市人口迅速增加，城市居民对文化生活的需求日益多样化，从而促使城市平民文化的迅速崛起。自封建社会中期起，群众文化形成了城市与农村两条并行而又相互交错渗透的运动轨迹。

三、资本主义社会的市民文化与中国半殖民地半封建社会的民众文化

（一）资本主义社会的市民文化

西欧在 16 世纪资本主义开始萌芽和发展，19 世纪末至 20 世纪初完成自由竞争的资本主义向垄断资本主义的过渡。随着资本主义生产方式的形成和发展，城市居民（市民）逐步分化为资产阶级、无产阶级和城市贫民。

市民文化兴起于欧洲各国反映新兴资产阶级利益和要求的“文艺复兴”的文化运动，它为资产阶级利益服务，但因为它将人们从封建神学的桎梏下解放出来而具有很强的生命力。

市民文化敢于漠视伪善的宗教神学的道德规范，以活跃的文化活动来表示“普遍人性”，以提倡个性解放。资本主义萌发之初，社交舞不顾教会的反感而成了市民庆典和文化娱乐的一部分，但须戴着面具，不断更换舞伴，按一定距离和队形进行，仍较拘谨。

17 世纪末 18 世纪初，得到改进的乐器的伴奏取代歌唱，男女舞伴在华尔兹舞中相互靠近，这种被王公贵族抨击为“放肆”“伤风败俗”的勾肩搭背的舞姿，很快传遍许多国家。

此外，市民中还盛行诗歌朗诵、话剧和哑剧的表演。

随着科技的发展，市民文化的样式出现了与科技结合在一起的形式与品种，如驾车上班族和健身慢跑者在途中收听小说、诗歌、传记及语音教学等的有声书籍。

20 世纪，受工业化和城市化、两次世界大战以及资产阶级文艺思潮的影响，一些青少年市民热切甚至过分追求新的文化方式来娱乐自己或忘记自己，或借此发泄自己面对病态社会的强烈不满。

一些出身于市民阶层的文化人，因为热爱生活，了解人们的所思所想，又充分发挥过人的才智，其作品中不乏成就卓越的垂世之作，如意大利人文主义代表人物薄伽丘（Giovanni Boccaccio）的《十日谈》，英国莎士比亚、法国狄德罗（Denis Diderot）、德国莱辛（Gotthold Ephraim Lessing）的戏剧，等等。

在资本主义社会里，无产阶级曾运用市民文化的多种形式来宣传和推动革命。1871 年在反对资产阶级政府的斗争中，巴黎公社就宣布学校与教会分离，禁止在学校中进行宗教活动，并实行免费义务教育；整理博物馆，举办艺术展览会，发动社员创作革命歌曲和美术，还成立艺术家协会。

资本主义社会市民文化的主要特征有两个：

第一，市民文化随着资本主义社会的时代变化而变化。资本主义创建时期的市民文化，将人从神的桎梏下解放出来，反映了市民揭露宗教虚伪和打碎封建制度的愿望，体现了新政治、新经济的要求，是一种进步。在资本主义上升与停滞阶段，市民文化一方面发挥着它的进步性，不断出现与现代物质技术条件相适应的新型市民文化；但另一方面，由于周期性的经济危机和资产阶级个人主义、悲观主义、颓废主义等思潮的影响，市民文化中一些审美的基本原则被破坏，道德标准也出现混乱和倒退。

第二，由于绝大多数市民是劳动群众，所以资本主义社会中的市民文化总体倾向是有人民性的，主流是健康和进步的。

（二）中国半殖民地半封建社会的民众文化

中国从 1840 年的鸦片战争后到 1949 年中华人民共和国成立前的社会为半殖民地半封建社会。

帝国主义列强的疯狂入侵，在给中国人民带来沉重灾难的同时，一方面促使中国封建社会解体和资本主义因素发展，使封建社会变成半封建社会，另一方面又压迫、控制中国，使中国的政治、经济从属列强，将中国从独立国家变为半殖民地国家。

中国半殖民地半封建社会的民众（即人民大众）文化的发展，大致可分为以下四个阶段。

1.自鸦片战争之后至五四运动前夕

在这个阶段中，由于民众的逐渐觉醒，民众文化在继承传统、除弊革新、思想启蒙、移风易俗等方面发挥了积极作用，同时，民众文化由于西方文化的渗入而包蕴异质性。在民间自发的民众文化中，因中华传统文化的深厚影响及其惯性作用，大量的封建社会时期的平民文化形态被沿袭下来；而上海、宁波、广州等通商口岸，因租界经济畸形发展，城市人口膨胀，接触异质文化频繁，文化娱乐设施不断更新，民众娱乐方式突变，民众文化的变化也就较大，可谓“大至影视百艺，小至穿戴摆设，洋风日盛。”

太平天国洪秀全曾苦心孤诣地想使基督教等西方文化“中国化”“世俗化”“农民化”，在一定程度上推动了农民革命，但最后仍落在了“封建化”上，并以失败而告终。而具有革命思想的热血青年运用新诗、新剧等通俗文艺，鼓吹移风易俗，反抗帝国主义的侵略，进行民众的思想启蒙。

2.五四运动前后到 1921 年中国共产党成立前夕

一些资产阶级教育家办起了通俗教育、平民教育。蔡元培在担任中华民国教育总长期间，大力提倡社会教育，设立了社会教育司，以管理全国的通俗教育和图书博物工作。1915 年，南京成立了全国最早的通俗教育馆——江苏省立教俗馆，以期实施各种形式的民众教育。

一些有共产主义思想的知识分子和进步人士主张将新文化运动普及到民众中去。他们深入工农群众，开展民众启蒙工作，印发出版物，进行露天讲演，举办平民夜校、文化补习班、工人俱乐部等，以民众文化推动工人运动、农民运动，起到了积极的作用。

3.1921 年中国共产党成立到 1942 年延安文艺座谈会召开以前

中国共产党的成立，使中国革命进入了崭新的发展阶段。革命的民众文化影响和带动了中国全局的民众文化的发展，并在第二次国内革命战争和抗日战争中作出了不可磨灭的贡献。

1921 年 9 月，中国共产党在上海建立了领导全国职工运动的总机构——中国劳动组合书记部。该部推广长辛店工人俱乐部的经验，在工厂和工人聚居区相继办起工人夜校和工人俱乐部。中国共产党在农村开展农民运动时，把开展革命文化活动作为工作的起点，如在抗日战争时期的革命根据地，俱乐部、列宁室、民众教育馆、农民剧团、民俗娱乐改进会普遍建立，推广新文字、歌咏活动、墙头诗盛行，农民文艺活动一片兴旺。中国共产党在开创军队政治工作之初，即把开展文化活动作为军队政治工作的重要组成部分，在黄埔军校由周恩来等共产党人担任政治领导的政治部，组织学员成立“血花剧社”，出版《中国军人》等刊物，组织学员宣传队外出向民众宣传即是例子。有了中国共产党的领导，民众文化呈现蓬勃生机，其效应辐射至国民党统治区。

1928 年，国民党政府官办的社会教育、通俗教育机构，为适应国民党“党化”的需要，一律冠以“民众”的称号。省、市、县、区除设立民众教育馆外，还设有城市民众教育馆、乡村民众教育馆、实验民众教育馆及农民教育馆、渔民教育馆、工人教育馆、妇女教育馆等，并订有“规程”和“工作大纲”，活动内容有阅览、讲演、游艺、陈列、教学等。但由于阶级的局限性，又为改良主义思想所制约，此类民众教育不敢放手发动民众，民众参与面十分狭窄，不少民众教育馆形同虚设。

1937 年，中国共产党也在陕甘宁边区人口较多的市、县或集镇中心建立民众教育馆，任务是消除文盲，宣传政治、科学等常识，提倡卫生，破除迷信，组织文娱活动，成为当地民众文化活动的中心。

4.毛泽东《在延安文艺座谈会上的讲话》的发表到中华人民共和国成立

1942 年 5 月，毛泽东在延安文艺界的整风运动中，发表了《在延安文艺座谈会上的讲话》(以下简称《讲话》),非常全面、深刻地总结了五四运动以来革命文艺运动所取得的成绩、经验和存在的问题。《讲话》的重要精神迅速在延安和各个抗日根据地的文艺工作者中得到贯彻,很快掀起了波澜壮阔的群众文艺运动。新文艺工作者与民众在生活、思想、感情方面打成一片,民众因接触了民主、科学观念,新的伦理道德观念和新的审美情趣而进一步觉醒。而民众喜闻乐见的民间文艺,富于人民性与民族性的创造活力又推动了新文艺的发展。如经改革的秧歌除去了庸俗的成分,用以表现新农民形象和生活内容,受到了广泛的欢迎,扭秧歌的人常常连绵许多里地。在新秧歌的影响下,民众剧团和秧歌队更加普遍,许多民间文艺得到革新和运用。

在国民党统治区,因国民党文化政策的严厉限制,民众文化开展困难,但人们还是在节令习俗的自娱活动中,以民间文艺形式来寄寓和表达对现实的不平、对未来的向往。

中国半殖民地半封建社会民众文化有三个主要特征:

第一,民众文化的社会属性随着旧、新两种民主主义革命而变化。从整体上讲,已改变了封建社会市民文化自发、分散的状态,变成有目标、有组织的文化活动,并逐步成为中国共产党领导下的无产阶级革命事业的一个组成部分。

第二,五四运动以后,作为这一时期中国政治和经济复杂状况反映的民众文化,呈现出丰富多样的状况,但它的主流是革命的民众文化。

第三,无论是中国共产党领导和影响下的革命民众文化,还是国民党统治区的民众文化,大多从扫盲识字、讲基本的科学道理等活动入手,且活动大多具有综合性。简言之,这一时期的民众文化注重文化素质的最低、最广层次,并形成综合性的广义群众文化的初级格局。

四、社会主义初级阶段的群众文化

中华人民共和国成立之初，老解放区的民众文化走向全国城乡，与当地传统的民间文化汇合成一股声势浩大、绚丽多彩的革命文化宣传热潮。1953 年到 1957 年，在中央和各省举办的各级文艺汇演的基础上，我国先后举办了多次全国性的民间音乐舞蹈汇演、观摩演出和全国职工文艺汇演，并发掘和整理了大量优秀的民间文化艺术遗产。

1978 年以后，我国群众文化随着改革开放、实现四个现代化、建设中国特色社会主义的进程迈入了一个崭新的历史时期。群众文化的创作和活动日益进步发展；民族民间文化异彩纷呈，走向世界；健康的外来文化被吸收、消化；现代化的群众文化设施和器材陆续引进，收集整理全国民间文化的“十部文艺集成志书”工作的全面展开及基本完成，等等，标志着我国群众文化空前繁荣，出现了亘古未有的生动局面。1991 年中国群众文化学会的成立，大批群众文化理论成果的出现，理论研究的深入展开和一支有质量的研究队伍的形成，标志着群众文化学作为一门独立、新兴的学科建立起来。在现代化进程中，群众文化建立了以城乡自教自娱文化为基础，公办事业性群众文化为主导和社会办文化的新格局。

我国社会主义初级阶段的群众文化有以下四个方面的主要特征：

第一，党的十六大把“三个代表”重要思想确立为党的指导思想，对于全面开创中国特色社会主义事业新局面产生了极其重要的作用。人民群众是先进生产力和先进文化的创造主体，也是实现自身利益的根本力量。不断发展先进生产力和先进文化，归根到底都是为了满足人民群众日益增长的物质文化生活需要，不断实现最广大人民的根本利益，促进社会主义精神文明建设，促进物质文明的进步和发展。

第二，重视本体文化的建设，坚持中国先进文化的前进方向。文化是民族的灵魂，是民族凝聚力和民族自信心的源泉。随着我国加入 WTO（World

Trade Organization，世界贸易组织），在全球经济一体化的浪潮中，西方强权政治、文化霸权主义正在向全球的每一个角落渗透，世界各民族创造的多样性文化正面临着挑战。因此，要注重自身发展中的思想性、民族性与群众性，注重社会主义内容与民族形式的统一，自觉抵制和消除与社会主义属性不相容的、反动的和淫秽的文化质态。

第三，我国社会对群众文化的需求呈现新的发展趋势，人们实现自身全面发展的意识更加自觉，更多关注精神文化生活的丰富，文化需求不断增长；文化与市场的结合更加紧密，多样化、多层次文化需求的实现更加依赖于市场，人民群众对文化产品和文化服务质量的要求不断提高，文化消费选择更具自主性；文化产品的生产、传播、消费手段和方式更加科技化和现代化；国际文化交流更加频繁，文化领域对外开放不断扩大，发展群众文化对弘扬、培育民族精神和增强中华文化凝聚力、创造力、竞争力的作用显得越来越重要。此外，文化单位的产业意识明显增强，涌现出一批面向市场、创新发展的文化企业和文化产业集团。各个文化产业门类蓬勃发展，对促进文化体制改革、解放和发展艺术生产力、增强文化单位活力，对繁荣和规范文化市场、广泛吸引社会资本参与，对丰富活跃群众精神文化生活、改善人们的生活消费结构，对扩大内需、增加就业、开辟税源、推动第三产业发展，起到了积极作用。

第四，群众文化的研究取得了很大的成就。自20世纪70年代末起，群众文化的研究上了一个新的台阶。理论研究的深度与广度，参与人数之众，研究成果之多，都是前所未有的，理论成果的不断积累又为群众文化学的创建奠定了良好的基础。

第三节　群众文化产生和发展的规律

一、社会存在是群众文化生存的基础

社会存在是群众文化生存的土壤。根据历史唯物主义的观点，社会存在是第一性的，社会意识是第二性的。不是社会意识决定社会存在，而是社会存在决定社会意识。群众文化属于社会意识形态，是社会存在的一种反映。人类没有出现，也就没有社会存在，没有群众文化所赖以生存的土壤。

群众文化只是因为有了作为其主体的人的文化活动，有了能开展文化活动的社会环境才得以生存的。群众文化活动的种种形式，是社会生产力和生产关系的反映。当人类与生产资料（生产工具和劳动对象）相结合构成了征服、改造自然的能力，这种社会存在之中的生产力就执着地反映到群众文化中来。

固然，群众文化与其他意识形态一样，也具有相对的独立性，对社会的发展起着巨大的能动作用（促进的或阻碍的作用）。有时，在特定的社会经济基础改变以后，这种基础的群众文化在相当长的时间内还会存在并产生一定影响。因为群众文化作为一种社会意识形态对社会有依赖性，所以随着社会存在的变化，群众文化也必然会或迟或早地发生变化。自从“随着完全形成的人的出现而产生了新的因素——社会”，群众文化就与作为其生存土壤的社会存在，连绵不断地演化着永无止境的生命进程。

二、社会的变革是群众文化发展的外因

辩证唯物主义认为，社会生产力同生产关系的矛盾，经济基础同上层建筑的矛盾，是人类社会发展的根本动力。社会生产力的发展，要求生产关系与之相适应，进行相应的调整和变革，这就构成了生产力同生产关系的矛盾运动。生产关系（经济基础）的调整和变革必然会引起上层建筑与经济基础的矛盾，从而也就推动了经济基础同上层建筑的矛盾运动。人类社会发展史表明，社会的变化就是由这种矛盾运动引起的。而群众文化的发展史则昭示了群众文化变化的根本原因（不是唯一的原因）在于社会的变化与革新。

原始公社时代全民性的群众文化表明的是集体劳动、狩猎和对自然、祖先、图腾等方面的崇拜，反映的是与自然的依存和矛盾关系。由于生产力的进步，产生了剩余劳动力，随着生产资料私有制的逐步发展，原始公社逐步解体过渡到了奴隶社会。在奴隶社会中，生产关系发生了根本变化，奴隶主不但占有生产资料，而且占有生产者（奴隶），出现了奴隶主阶级和奴隶阶级的尖锐对立。奴隶社会的群众文化更多体现了阶级的对立，如《诗经》中部分内容所表达的奴隶的悲惨和痛苦，以及奴隶主的荒淫与残暴。就是在同一个时代，社会的某种变革也会推动群众文化的变化。

中国唐代的“贞观之治”是一次成功的社会变革，变革后社会生产力得到发展，生产关系进行了相应的调整，并给当时的群众文化灌注了新生的因素，在宫廷与民间、国内与国外、城市与农村的文化对流的促进下，平民文化出现了民间歌谣、曲调、舞蹈、绘画、雕塑诸艺并茂的大好局面。文化品位与格调也随之变化，如民间歌谣虽基本沿袭汉代，但在思想性、艺术性和群众性等方面都远非汉代可比。明代的平民文化在封建社会走向没落、资本主义正在萌发之时，也出现了新的形式和特点。例如，通俗文学取代了古文、诗、词等旧体文学的地位而成为中国近古文学史上的主要内容，民歌为明代“一绝”。明末西学输入，市民阶层的扩大，又使文艺市场四处涌现，民间文艺、工艺商品化

走向日趋明显。毛泽东同志的《在延安文艺座谈会上的讲话》表明了新民主主义革命时期民族的科学的大众的文化指向，从此群众文化出现了历史性的根本转变与蓬勃发展。

当代，在新的历史时期，社会的变革已经引起了群众文化的很大变化，还必将推动群众文化形成新的、更符合历史发展规律的、更能适应广大人民群众需求的变化。

三、人的社会需求是群众文化发展的内因

我们考察群众文化的历史发端，分析它缘起的内在动力，首先可以发现是人的社会需求促进了群众文化的萌生。人的需求是多种多样的，基本上可以分为自然性需求和社会性需求。自然性需求是人作为一个有机体维持生命和延续种族所必需的，其特点往往呈现出周期性，如饮食、睡眠、配偶、嗣后等。社会性需求为这样或那样的社会要求，或个人为适应社会要求而产生的社会需求。这类需求是人的后天习性。交往的需求就是从人与他人的接触过程中发展起来的：如社会需要以艺术来陶冶人的情操，人们就举办一系列群众文化活动；如某人去看音乐演奏，听到美妙动人的钢琴声，就会感受到音乐中的情思，产生愉快和兴奋，继而希望有人来指导、帮助自己学琴，于是就去找老师，找学琴的场所，这样就产生了人与人交往的需求。

社会性的需求主要表现为精神的需求，如认识的需求、美的需求等这些人所特有的需求。认识的需求激励人去学习文化、科学知识，探索自然与社会的奥秘，并由此产生文化、科学活动及发明创造；美的需求使人力图美化自己及自己的生活方式。在一定条件下，这两种需求常常转化为对群众文化艺术活动的参与和创造。

饮食、呼吸等生理需求，是最基本的，也是人类最低层次的需求。而最高层次的需求是人类自我实现、认识、创造和美的需求，这种需求大多在群众文

化中得到体现。例如，人类出于对生存的基本需求，产生了以血缘关系相聚的纯粹集体性的原始群众文化。人类出于对异性之爱与社会交往的需求，在母系氏族公社之时就萌发了群众文化的“美”的意识。

对社会无穷奥秘的探索，对自身理想的追求，以及为了实现这种愿望而需求的知识、力量与美是人类高层次的需求，也是群众文化发展的内驱力之一。社会越是发展，人类对这种需求的表现就越是强烈；群众文化越是发展，人类的精神生活需求的内容就越丰富。在当代群众文化活动中，人们踊跃参加各类文化艺术竞赛、各类训练班，购买高质量科技图书，跳交谊舞，进行健美训练，这些都说明了人们的精神生活质量的提高与社会物质生活的现代化有着客观的、现实的和内在的联系。

心理学家认为，人的社会需求是与人的社会活动紧密联系的，是人的社会活动的基本动力。人的社会活动被某种需求所驱使，需求一旦被人意识到并驱使人去行动，就以活动动机的形式表现出来。需求激发人去行动，使人朝着一定的方向，追求一定的目标，以求得自身的满足。需求越强烈、越迫切，由此而引发的活动就越有活力。同时，人的需求也是在社会活动中不断更新和发展的。当人通过活动使原有的需求得到满足时，人和周围现实的关系就发生了变化，以后又会产生新的需求，新的需求又会让人去从事某项新的活动。人的社会需求就是如此循环往复，把群众文化推向更高层次的。

第二章　群众文化的本质特征

第一节　群众文化的群众性和自娱性

一、群众文化的群众性

（一）群众性的丰富含义

群众性是群众文化在其主体方面所固有的显著特征。从一般意义上理解，群众文化是全体人民大众以满足自身精神需求为目的而进行的文化行为以及成为客体的物化成果。但从群众文化本质特征上来分析，它的含义就更为丰富了。

第一，群众性表明群众在群众文化中的主导性。劳动群众通过自己的聪明才智、审美意识和创造能力，创造、继承、革新着群众文化，拥有、支配、享受着群众文化，正是劳动群众对文化的需求和文化创造这对矛盾的力量，推动着群众文化随着社会的进程而不断发展。

第二，群众性表明群众在群众文化活动中的自我性。群众文化史实质上就是人民群众满足自身精神文化需求的历史。随着人类社会的不断进步，人民对于精神文化的需求在质和量两个方面都随之提高，群众文化势必将成为人们满足自身精神文化需求的越来越重要的途径，群众在群众文化中的自我性将表现得越来越充分。

第三，群众性表明群众在群众文化中的自主性。人民群众总是自觉地运用群众文化表现人民群众自己，或歌颂人民的力量、智慧和优秀品德，或鼓舞人们精神振奋地投身社会实践；同时又主动出击，去揭露、抨击社会的丑恶现象与落后意识，祛邪扶正，增强人们的真理信念和进取力量；还有，一切进入群众文化生活领域的文化产品，都要由群众来甄别、来检验其优劣，来决定其存在的价值。

群众在群众文化中的主导性、自我性和自主性，从群众对于群众文化发展的积极性、主动性和自觉性方面证明了群众文化性的特征。

（二）群众性对社会的要求

群众文化的群众性，对于社会是有着种种客观要求的。

首先，群众文化的群众性，要求社会的群众文化的供给、服务对象是全体人民群众，而不应该因社会阶层、民族、地域、职业、年龄等方面的不同而产生差别。只要正常的人，绝对不会没有文化生活的要求，不同年龄段的人，都有着他们不同的精神文化需求；不同国别、不同民族和不同思想文化修养的人，都有着他们各自的群众文化需要。每个历史时期都是这样，只是在社会发展日新月异的今天，群众文化更是每个人不可缺少的精神生活内容。因此，社会的相关部门、机构应当把全体人民群众作为群众文化供给、服务的对象，不能有所偏视或遗忘。

其次，群众文化的群众性，要求社会努力满足群众的文化需求。这是一个群众文化服务于群众的“质量”上的问题，集中体现在普及与提高两个方面。群众文化的普及，就是把群众最急需的和容易接受的群众文化提供给他们，特点是人数最多、覆盖面最广，而且特别考虑到山区、边远地区等经济文化相对落后的地区。提高是相对于普及而言的，当在普及的基础上出现了新的提高，原先的提高也即成为新的普及了，毛泽东曾在《在延安文艺座谈会上的讲话》

中指明："人民要求普及，跟着也就要求提高……我们的提高，是在普及基础上的提高；我们的普及，是在提高指导下的普及。"普及与提高，两者是相互联系和互相促进的，并永远受制于群众文化群众性的客观要求。

再次，群众文化的群众性，要求社会的一切群众文化活动必须符合群众的意愿。任何真正意义上的群众文化活动，都必然是符合人民群众意愿的，即必须是群众自发或自愿参与的活动。自愿性是群众文化活动的规律表现之一，尊重群众的意愿是开展一切群众文化活动的先决条件。所以，凡是群众热心的、需要的事，就应该积极主动地办；凡是群众不感兴趣、不需要的事，不能勉强去做。以个人或少数人的爱好和需要代替群众的爱好和需要，用行政命令强制开展所谓的群众文化活动，总是事与愿违、徒劳无益的。但必须指出的是，这种自觉意愿是从总体上来说的群众意愿，是社会发展同全体人民群众利益相一致的意愿。而且我们所说的自觉意愿，也绝不是可以不加组织领导、任其自生自灭的，而是指充分相信和依靠群众，发挥群众的积极性、创造性，同时予以科学的组织、正确的引导。只有这样，才能帮助群众建立起正确的审美观念和情趣，才能改造个体中不符合社会要求的价值观念，从而使群众文化真正符合人民群众的根本利益，使群众文化沿着正确的道路健康地、蓬勃地发展。

最后，群众文化的群众性，要求不断地提高群众文化的实践能力和占有水平。这是一个全社会的共同任务。因为文化实践能力和占有水平是由人们的文化科学知识技能水平和文艺鉴赏水平决定的。要提高实践能力的占有水平，就要求在原有的基础上提高人们的文化科学知识技能水平和文艺鉴赏水平，并激发人们在群众文化领域的创造精神。如我国的基础教育由"应试"教育归正为素质教育，大学教育由原先的"精英"教育转变为大众教育，总体教育由以往的"学龄"段教育改进为终身教育。这似乎只是一个教育领域的问题，但从群众文化领域的角度来看，这同样也是一个群众文化的问题。教育的这些巨大变革，无疑将对提高群众文化的实践能力和占有水平产生空前巨大的影响力。马克思说："对于没有音乐感的耳朵来说，最美的音乐也毫无意义，不是对象。"他还说："如果你想得到艺术的享受，你本身就必须是一个有艺术修养的人。"

作为整个人类文化组成部分之一的群众文化的发展，是和整个社会包括教育、科技在内的整体发展水平分不开的。人们文化科技水平和审美水平的提高，是推动群众文化向前发展的重要条件。

总之，群众文化群众性的特征，不仅从人民群众在群众文化中的主导性、自我性和自主性三个方面表现出来，而且还表现在人民群众在群众文化服务对象的全体性、服务内容的全面性、参与群众文化活动的自愿性，以及提高群众文化实践能力、占有水平、社会协同的整体性上，提出了客观的要求。所有这些特征，都是由群众文化的本质所决定的。

指出群众文化的群众性特征，有着实践性意义。这就是使社会的有关方面增强群众的观念，在尊重群众意愿的原则下，创造条件尽力满足全体人民群众的精神文化的需求。

二、群众文化的自娱性

群众文化的自娱性这一特征的形成是一个心理范畴的问题。人的心理生活的一个重要方面是情绪和情感。情绪是与生理的需要相联系的，快乐以及愤怒、恐惧、悲哀是人最基本的四种情绪；情感则是人所特有的同社会性需要和人的意识紧密联系的心理现象。通过群众文化活动，前者能获得情绪体验，后者能产生审美情感。思乐、求乐、事乐是人之常情，群众文化的自娱性，是群众文化主体的娱乐心理同群众文化客体的娱乐特性统一的结果。

（一）自娱性的主要意义

群众文化具有娱乐性，这是群众文化一个重要的外在特点，也是区别于其他社会意识形态的显著标志。

群众文化本来就是为了协调劳动和劳动间隙、劳动之余的娱乐、审美需要而创造的。起源甚早的我国种种地方小戏，就是劳动群众为了自我娱乐而创造出来的集文学、音乐、舞蹈于一体的文化活动方式。明清两代，农业生产有了一定的发展，当时农民在农忙时节组织临时性换工，集体下田，击鼓为号，群歌竞作。休息时，人们用手帕、汗巾、雨具、扇子之类作道具配伴歌舞，即兴表演。逢年过节或邻里婚丧喜庆，人们又把劳动中产生的各种歌舞综合起来，相邀聚演，自我娱乐。旧社会许多地方的农民把自己的业余戏班子叫作“自乐班”。

所谓自娱，就是使自己快乐、愉悦的精神活动的过程。人们在求乐心理的驱使下，怀着或赏心、或悦目、或益智、或健身等乐趣的期望，通过群众文化活动获得生理和心理上的满足。就这样，群众文化的主体和客体就以娱乐为中心构成了紧密的联结。

在群众文化发展的历史上，其娱乐审美的功能始终存在，它蕴含在各种活动形式之中。西非的人民群众认为跳舞是最好的娱乐，一天劳累之后的晚上，只要“达姆达姆鼓”一响，人们就会聚而舞之。日本东京的夏天，人们干完工作，洗了澡，就会成群结队地在空场上翩翩起舞。缅甸的农村一到插秧季节，一部分人插秧，一部分人跳舞助兴，处处如此。“山歌本是古人留，留给后人解忧愁。三天不得把歌唱，少年也会白了头。”这首中国民歌非常形象地阐释了群众在群众文化中的自娱心理。自古至今，群众文化之所以历久不衰，具有很大的生命活力，奥秘之一正是任何时代、任何地区的群众文化都具有鲜明的自娱性。

此外，群众文化的其他功能也正是在具有自娱功能的前提下得到发挥的，如由娱乐活动的思想知识技能内容所产生的教化功能；因娱乐活动使人消除疲劳，促进工作、生产的经济功能；因娱乐活动而激发人们情趣，提高审美修养而形成的审美功能；等等。

假如群众文化不具有娱乐性，那它就必然黯然失色，而缺乏引人自娱的魅力，也难以设想群众文化还能发挥其他的什么功能，还有什么生机与活力。

（二）娱乐与教化的内在联系

清代的李渔在《闲情偶寄》中写道：舞台上“借优人说法与大众齐听，谓善者如此收场，不善者如此结果，使人知所趋避，是药人寿世之方，救苦弭灾之具也”。他认为戏曲的作用在于劝善惩恶，医治人心，匡正社会风气，即所谓的“高台教化”。内容健康、催人积极向上的群众文化活动，能起到教育人、鼓舞人的良好作用。历史上的一切进步文化，都真实地反映了人民群众对社会深刻认识和对生活的正确态度，表现了人民群众进步的世界观、价值观、道德观，从而帮助人民群众推动历史的前进。今天，在建设中国特色社会主义的伟大事业中，群众文化无疑是一项被建设的内容，同时，在整体建设中，群众文化将发挥它不可替代的作用。

其中，群众文化具有教化（包括教育、宣传、传承等）功能。这种功能的实现，在一定程度上是以娱乐为载体、以娱乐性为前提的；而娱乐又是以蕴含诸如教化等多种功能为内容的。

群众文化的自娱性往往联结着其他心理需求，如求美心理、求知心理、求健心理、自我表现心理等。人们在群众文化的自娱活动中，接触着客体的外部美，然后深化到理性认识，享受其内在美。人们在群众文化的自娱活动中，通过喜闻乐见又含有丰富知识和信息量的载体，满足了求知欲，生理、心理都得到良好的锻炼，能适应并享受不断进步的社会的不断增长的物质文明，不断丰富的精神文明；人们在群众文化的自娱活动中，发现了自我潜能和自我价值，酣畅淋漓地展示了自己的智慧和才华。各种文化心理都与自娱心理浑然一体地表现在群众文化活动中，它们既独立又互相联系，构成相辅相成的有机整体，共同演绎丰富多彩的教化功能。

群众文化中以自娱引领的教化功能，从总体上看，是一种审美教育功能。这种审美教育功能，能帮助人们获得丰富的对世界、人生、社会的审美经验，从新的角度和主张来观察、理解、体验生活与生命。这是一种“寓教于乐”的教化。在这里，“乐”是群众文化活动的表现形式，是人们的期望所在；而

“教”则是群众文化活动的思想内容，是潜在的效力，是主体的一种“意外收获”。在群众文化娱乐性活动中，在一般情况下，“教”并非活动主体的主观动机，而是活动主体不自觉的客观效果。在这里，乐和教在潜移默化中极为和谐地统一在一起了。

无论在何种社会意识形态下，群众文化自娱心理的产生、演变的基础，都会受到一定社会政治、经济条件的影响。这些条件的变化，都会引起群众文化自娱心理相应的变化。人类从野蛮走向文明的历程，也是群众文化自娱心理及行为由低劣粗俗走向高级典雅的历程。当今人类社会，由于腐朽的剥削阶级思想、落后的封建意识、愚昧迷信的宗教观念的影响，大众的文化娱乐存在着良莠混杂的状态。虽占主导地位的是有益型的娱乐，但对腐朽的、消极的甚至反动的精神污染物，必须引起足够的注意并予以清除。从由人的娱乐动机所实现的自娱性群众文化活动的性质、品性上分析，自娱心理和娱乐行为可区分为有益型和无益型（或称有害型）两大类。追求身心健康是人的天性，因此有益型的群众文化活动始终占着主导地位。图利性、淫乐性的文化娱乐心理和活动，是自娱心理的一种变态和扭曲，这种娱乐行为能使人堕落、犯罪并危及社会。还必须指出的是，根据量质互变原理，有益的自娱性文化活动在量上的失控，也会导致质的变化，转化为有害。物极必反，也就是这个意思。所谓玩物丧志，本意指的就是玩得过了“度”，而使娱乐生活的结果走向了反面。

在不同的历史时期，在不同的国家，对群众文化的自娱心理和行为，以及由此引领出的教化功能的“益”与“害”的评判标准是有差异的。在社会主义和资本主义不同意识形态的国度间，群众文化成为不同意识形态相互渗透、传播的重要途径、领域和手段。

由此，群众文化比以往承担着更为繁重的思想教化的责任，群众文化的自娱心理以及文化行为也呈现出更为复杂的态势。因而，对人们的群众文化自娱心理应进行必要的引导，并作为社会调控的十分重要的一个内容。

通过自娱心理引领的群众文化的教化功能，与群众文化的民族化、地区化的特点是不可分的。群众文化无论是内容或形式，一般总是具有鲜明的民族特色和地方特色，这也是群众文化的重要特点和规律。我国是一个文明古国，群众文化的发展源远流长，有着十分丰富的优秀遗产，毛泽东在《新民主主义论》一文中将继承我国民族文化的优秀遗产看作发展民族新文化的“必要条件”。当然继承是批判地继承，继承是为了更好地创新。毕竟中国的民众喜闻乐见中国群众文化的内容与形式，在这坚实的基础上，再批判地吸收外来的群众文化，充实自己，壮大自己。唯有民族的，才是世界的。这对以自娱而拥有强大生命力、强大教化力的群众文化来说，更是无比正确的。

第二节　群众文化的倾向性和传承性

一、群众文化的倾向性

（一）倾向的必然性与多样性

群众文化的倾向，是指反映在群众文化中的阶级立场、政治思想和审美意识体现的方向。这是从思想内容上反映着群众文化本质的一个内在特征，也是群众文化的灵魂所在。

一般来说，群众文化活动由两个方面的成员构成：一个方面是群众文化产品的创制者和群众文化活动的组织者；另一个方面是群众文化产品的接受者和群众文化活动的参与者。因此，群众文化的倾向，具体地说，是构成群众文化活动双方成员的思想倾向有机融合和辩证统一后展现在群众文化中的思想倾向。

对于创造进入群众文化生活领域的一切文化产品的创制者，从观察生活、选择材料到提炼主题、形成产品，都表现着对现实生活的看法和评价，反映着一定的政治、思想和审美意识的倾向性；任何群众文化活动的组织者，也总是在其所组织的文化活动中体现出他的倾向性，并按照这种倾向性在群众文化活动中组织和传输带有一定的政治、思想和审美意识倾向性的文化产品。而群众文化产品接受者和群众文化活动的参与者，也是存在着倾向性的。作为群众文化活动主体的一切个体，也都有着一定的阶级立场、政治思想和审美意识，并由此构成对群众文化的价值判断。这种个人价值观所规定的倾向性，会在两个方面表现出来：一是对群众文化活动客体（文化产品或文化活动）的选择上；二是在群众文化活动中自我表现的思想流露上。

人类无论在哪种形态的社会中生活，也无论在何种社会领域里生活，都有着顺应或相背于发展方向的各种倾向，在思想文化领域更是这样。从客观上看，在一定社会生活中，顺应社会历史发展趋势的某类倾向的总和，构成了这一历史阶段的时代精神，即宏观倾向；与此同时，还是有一些违背、阻挠社会发展的有悖于社会价值观的反动倾向。群众文化是社会生活的反映，无一例外地体现着该时代的某些倾向性，这是一种必然的现象。

群众文化的倾向性还具有多样性，无论是群众文化活动的主体，还是客体，由于思想、立场、世界观的不同，由于文化艺术修养、审美意识的区别，由于生活阅历、处世经验的差异，由于群众文化本身样式、内容的多样性等，群众文化的倾向性因此呈现出丰富而复杂的状态。就群众文化及其活动的社会性质而言，思想政治倾向性无疑是起决定性作用的核心因素，但这种主体性倾向，在群众文化及其活动中总是和审美理想、审美情趣有机地组合在一起的。就群众文化及其活动的影响功能而言，有正确的、积极的、进步的和革命的倾向，也有错误的、消极的、落后的和反动的倾向，还有介于两种倾向之间的不同性质、不同程度的倾向。就群众文化及其活动的表现形式而言，单从思想倾向性来看，有的表现为某一种倾向，有的同时表现出多种倾向。就群众文化及其活动倾向性呈现的具体状态而言，有表现为强烈的，如反映阶级矛盾、阶级斗争，反映“主旋律”内容的群众文化产品和群众文化活动；有表现为平和的，如以“纯审美”为宗旨的风光摄影、健身舞蹈等群众文化产品和群众文化活动，还有因某种条件所限制，而表现为隐晦的，这种类型较多地存在于政治力量相对较弱而想通过群众文化产品及其活动来积累发展这种政治力量的特定时期的特定领域。

（二）倾向性的表现形式

群众文化的倾向性有三种主要表现形式。

1.群众文化的阶级性倾向

原始社会的群众文化，反映的是人们共同从事生产劳动和共享劳动成果的原始人的生活，反映的是人们同自然界的斗争和人与人之间平等合作的关系。原始社会没有阶级，原始社会的群众文化没有阶级倾向性。

人类社会随着阶级的产生而进入阶级社会后，作为意识形态的群众文化也就有了阶级的倾向性。首先，群众文化属于上层建筑，它由经济基础所决定，并受经济基础所制约。在阶级社会中，经济基础包含着生产关系中占有生产资料的阶级同其他阶级的对抗因素，作为上层建筑的群众文化，也就必然带有阶级性。其次，群众文化的内容以反映人和人的社会联系为中心。在阶级社会中，作为各种社会关系总和的人以及社会生活的许多领域，都是包含着阶级对立和阶级斗争的内容的。最后，阶级社会中群众文化的创制者和组织者、接受者和参加者，总是在一定的阶级中生活，带有一定的阶级属性，总是会自觉或不自觉地根据一定阶级的立场和观点去创制、组织或接受、参加群众文化或群众文化活动。

一般地说，任何时代的社会思想，都是由统治阶级的思想所决定、所垄断的。这种思想使该时代的政治、哲学、法律等中介因素无一不带上同一的倾向性，并使群众文化或明显或隐蔽，或强烈或微弱地浸透着、表现着这种阶级性；而且，统治阶级还会对群众文化做出直接的占有、专制和垄断。而新兴阶级在向行将没落而仍占统治地位的阶级发起冲击时，也会将群众文化当作一种阶级斗争的武器和手段，使其具有明显的阶级倾向性。

群众文化的阶级倾向性与社会中阶级对抗状况的强弱有一定的联系。当阶级矛盾成为一个历史时期的社会主要矛盾时，这个时期的群众文化的阶级性色彩就十分明显；当阶级矛盾退居社会次要矛盾时，这个时期的群众文化的阶级色彩就随之淡薄。如我国目前社会的主要矛盾是落后的生产力与人民日益增长的物质文化需求之间的矛盾，而不是阶级矛盾、阶级抗衡和阶级斗争，所以群众文化的阶级性倾向显得不是很突出了。此外，在阶级社会两大对立的阶级之间，还存在着一些次要的阶级或阶层，社会生活除阶级斗争之外，还有生产斗争和科学实验，群众的业余文化生活还包含着各式各样的体育、游艺等健身性、消遣性和休息性的“中性”活动，且审美活动的多向性使群众文化中的许多内容和形式成为社会全体成员能共同接受的，群众文化的确还具有一些超阶级的或非阶级的成分和因素。

随着社会的高度文明化，人类的阶级划分和阶级意识将会消失。到那个时候，群众文化的阶级倾向性自然也就不存在了。

2.群众文化的人民性倾向

群众文化的人民性是指它反映社会生活所达到的与人民的思想、感情、愿望和利益相一致的程度，是一种进步的倾向性。

一般地说，传达了时代精神，反映了人民群众的生活，表现了人民自己的思想感情、审美趣味的群众文化，就具有一定的人民性。如反映人们生产劳动的劳动歌谣，反映劳动生活的神话、传说、故事、谚语以及反映劳动人民大众生活的歌舞、戏曲、曲艺、绘画等，都具有鲜明的人民性倾向。只要站在人民的立场上，合乎历史的发展方向，群众文化的各种形式都可以表现它的人民性。

人民是一个内涵不断变化的历史概念，不同的国家和不同的历史时期，赋予“人民”的含义是不同的。随着人民范畴成员构成的变化，群众文化的人民性内涵也就发生变化，因此具有一定的历史性。劳动人民的思想意识受到一定历史时期思想体系的影响，特别是统治阶级思想的影响，并将这种思想，诸如忠君思想、宗教、迷信的宿命论思想表现到群众文化当中去。因此群众文化的人民性具有一定的局限性。

群众文化的人民性，是区别群众文化民主性精华和封建性糟粕的重要尺度，是检验群众文化优劣的基本标准。但对待已成为历史遗产的群众文化产品，我们应作历史的具体分析。应当看到它们具有一定的局限性，但从总体上看，它们的主流是进步的，是推动历史进步的，本质上应是民族的精华。

在我国，人民是国家的主人，群众文化为人民服务，为社会主义服务，群众文化的阶级性倾向和人民性倾向也实现了统一。

3.群众文化的民族性倾向

民族是人类生活最大、最稳定的社会结构体。群众文化的民族性，是指群众文化呈现民族的社会生活和民族的文化传统、审美意识和风俗习惯等民族个性内容所达到的程度。

群众文化的形式和内容直接或间接地融合着民族的文化意识、宗教信仰，联系着民族的利益、愿望，并体现着一定的功利目的；群众文化的产品及其活动，总是表现着一定民族的关系，维系着该民族的社会心理和群体意识。这样，就构建起了群众文化内质中的民族特色，透射出了鲜明的民族性倾向。这种倾向，能进一步统一民族的意识和心理，进一步强化民族的意志和凝聚力。

各民族的群众文化都有着自我传承而值得骄傲并作为民族群众文化象征的独特之处，各民族群众文化也因相互交流、互相借鉴而进一步得到弘扬。在当代，国家、民族之间的交往日益加深，在文化传播迅速发展的历史条件下，群众文化的交流和影响更是不可阻挡。群众文化在走向世界的同时，理应吸收其他民族群众文化的精华，得到新的发展和演变，使民族性倾向变得更为鲜明和独特。

由于任何一个历史阶段的社会生活本身总是具有符合社会发展规律的基本倾向，人民群体的总体意向总是同社会发展趋势相一致，所以群众文化的阶级性倾向、人民性倾向、民族性倾向也总是以积极向上的、革命进步的倾向性为主流，并不妥协地在同消极的、落后的、反动的倾向性的斗争中不断向前发展。

二、群众文化的传承性

（一）传承的机制与意义

一个历史时代的群众文化，总是要受到上一个历史时代群众文化的作用和影响，并在此基础上发展和创造出新的群众文化，这种使群众文化成为一个不间断的连续存在的特性，就是群众文化的传承性。

马克思曾指出，人们自己创造自己的历史，但是他们并不是随心所欲地创造，并不是在他们自己选定的条件下创造，而是在直接碰到的、既定的、从过去继承下来的条件下创造。这也说明群众文化的发展必须和必然在已有的群众文化历史的基础上进行。群众文化的全部历史，就是不断传递、保存、延续和创造的前后相传承的过程，是一个由低级向高级、由简单向复杂的循序渐进的过程。群众文化的传承性，也就是群众文化发展的一种社会“遗传”性。

社会的文化思想渗透在人们的观念、行为、风俗习惯、思维方式、伦理道德、社会价值之中，构成了国家、民族相对稳定的心理结构的性格特征，形成了人们相对稳定的群众文化价值观，并建构起群众文化的传承机制。

群众文化的传承性，在群众文化的形成和发展中具有重要意义。首先，群众文化对传统文化的传承，是根据所属时代、阶级的需要，以群众文化的审美价值作为尺度的有选择的承接，总是继承那些先进的、优秀的遗产，形成了一种优胜劣汰、推陈出新的前进性进程。其次，这种进程是一个不断创新和传播的进程，人们从前辈那里继承群众文化中一些优秀的内容、形式，同时注入现实的生活内容，创造新的形式，形成一个崭新的发展阶段。最后，群众文化因传承而使世界各民族的群众文化呈现出明显不同的特色，这是世界文化多元化的重要内容，也是世界文化得以交流并因此呈现出更丰富的色彩的重要前提。

（二）传承过程中的创造性和历史阶段

传承的完整意思是承上启下、继往开来，或承前启后，其中包含着有选择的上承和再创造后的下传。“有选择”和“再创造”都是一种自觉的、主动的行为，一种创造性的行为，这在群众文化的传承过程中具有关键性的作用，它决定着传承的活力和发展方向。原因有以下四个方面：

第一，群众文化传承性中的创造性能突破群众文化传承过程中许多客观制约因素。群众文化的发展，是在经济、政治、文化，甚至宗教等的“合力”的作用下进行的，群众文化的创造性能使群众文化的独立性最大限度地发挥战斗力，使群众文化在种种特定的、复杂的发展环境中维持生存、传承和发展。

第二，群众文化传承性中的创造性能突破群众文化在传承过程中许多主观制约因素。我们所传承的群众文化遗产，是具有普遍意义的事物同具有具体历史意义、现实意义的事物辩证地交融的结合体，这就要求人们根据时代的变化和根据人们的现实需求对群众文化遗产进行必要的选择和创新。

第三，群众文化传承性中的创造性能弥补群众文化因隔代传承而产生的断层缺失和群众文化因整体承接作出新的理解或诠释。

第四，群众文化传承性中的创造性能帮助人们在群众文化的传承中取其精华，去其糟粕，保证群众文化发展的无限伸展。

人类社会的群众文化的传承性，已经经历了三个历史时期的变化。

第一个历史时期是口头传承阶段。在远古，除少部分文化物质通过物品遗存下来，大部分文化物质是依靠口耳相传、演示模仿的方式传承下来的。但如果作为群众文化物质载体的人死亡，他未能传给别人的那部分群众文化物质也就随之消失。

第二个历史时期的开始是文字的出现，它使传承摆脱了传承人体生命的限制，打破了群众文化传承的时空界限。人们通过文字载体传递信息，可以通览历代群众文化的精华，可以了解异邦群众文化的风采。

第三个历史时期是 20 世纪中叶以后，传承进入了高科技方式的阶段。广播、电影、电视、磁带以及微型胶片、电子计算机等的发明和广泛运用，使群众文化的传承开始了文字和实况录制相结合，远距离高速传递，数字化、高密度、高容量储存的新媒体时代。

综上所述，群众文化的群众性，是群众文化主体的特征；群众文化的自娱乐性是群众文化活动本体的外在特征；群众文化的倾向性是群众文化的内在特征、灵魂所在；群众文化的传承性是群众文化发展的一种永恒方式。这些特征相互区别又互相联系，它们彼此作用着并有机地统一在群众文化中，从不同的方面和角度反映着群众文化的本质。

第三章　群众文化的社会地位和社会功能

第一节　群众文化的社会地位

一、群众文化是人民群众社会生活的客观需要

人类生活总的可以分为两个方面：一是物质生活，包括人的衣、食、住、行、用；二是精神生活，包括政治、宗教、教育、科学、文艺、体育、娱乐等。人类生存和发展不仅需要物质生活，而且需要丰富多彩的精神生活。两者都是人类最基本的生活，而群众文化是精神生活的一个重要部分。

人有思维能力。人脑对客观世界的反映，存在着各种不同的观念、观点和概念。面对复杂的自然界和人类社会，人们必然产生各种复杂的情感，诸如喜、怒、哀、乐。这一切，都需要通过一定的方式抒发和表达，往往“言之不足，故嗟叹之，嗟叹之不足，故咏歌之，咏歌之不足，不知手之舞之，足之蹈之也。”在这里，所谓“嗟叹”“咏歌”“手舞”“足蹈”，便是人民群众为表达自己的感情、愿望而进行的文化活动。

群众文化是人们表达思想感情的重要手段，它常常贯穿于生产劳动的过程中。如人们在参加打夯、车水、插秧、伐木、放排等动作比较单一而负荷较重的体力劳动时，大都要情不自禁地唱起劳动号子，以协调动作，鼓舞情绪，提高效率。

群众文化不仅贯穿于生产劳动的过程中，而且渗透到人们日常生活的各个领域，如婚丧嫁娶、祭祀庆典、交际往来等。

在一些少数民族地区，传统的对歌活动，至今仍是男女青年从相识、交友到成婚的必不可少的方式。有些少数民族的群众在平常的礼尚往来中，喝茶要唱茶歌，饮酒要唱酒歌，逢年过节要唱祝贺歌。甚至邻里之间发生纠纷，也要通过唱歌来进行调解，达到消除隔阂、增进团结的目的。至于表现各民族特有的风俗民情的群众文化活动，如苗族的芦笙节、侗族的赶歌场、白族的三月街、汉族的闹元宵等，更是千姿百态、异彩纷呈。

只要人类的日常生活正常进行下去，渗透到日常生活中的群众文化活动也都会正常开展。

正因为如此，所以群众文化在各个历史阶段中，虽惨遭反动统治阶级的摧残，却总能伴随着时代的进步和人类文明的昌盛而不断发展。从原始社会“前呼邪许，后亦应之”的“举重劝力之歌”，到今天丰富多彩的群众文化活动，就充分说明了这一点。当然，专业文化也是人民群众文化生活的一个内容，但比较起来，却远远没有群众文化拥有那么众多的对象，那么广阔的天地。在某些地方（如交通闭塞的大山区、边疆地区）、某个时期（如反动阶级残酷统治时期），群众可能享受不到专业文化生活，但却不可能没有和他们的思想感情相联系、和他们的生产劳动及日常生活相关联的群众文化活动。从某种意义上讲，群众文化是无处不在的，始终反映人民群众社会生活的客观需要。

今天，满足广大人民日益增长的文化生活的需要，乃是社会主义生产的目的之一。这不仅是群众文化的任务，也是专业文化的任务。但是，要满足人民的需要，单靠专业文化是不行的，因为群众对文化生活的需要是经常的、多种多样的。专业文化由于受时间、场地、人力以及活动形式和方式的限制，往往不能满足群众需要。而专业文化的这些短处，恰恰正是群众文化的长处。更主要的是群众在自己的文化生活中，不仅要欣赏别人的，还要自己参加，自我表现，自我娱乐，自我教育。群众文化的这种特殊性质，也决定了它的地位是专业文化无法取代的。有些人认为，在城市，专业文化组织和设施越来越好、越来越多，因此群众文化活动可有可无。这种观点，不仅否认了一个铁的事实，即专业文化不可能渗入人民群众社会生活的一切领域；同时也是对群众文化地位缺乏正确认识的表现。所以，我们要正确认识群众文化在人民社会生活中的地位，高度重视和大力发展群众文化事业，积极支持和扶助各项群众文化活动。

二、群众文化是无产阶级革命事业的一部分

中国共产党自成立以来，就一直十分重视群众文化，明确地将其作为无产阶级革命事业的一部分，纳入革命斗争的轨道。1942 年，毛泽东同志《在延安文艺座谈会上的讲话》中，就形象地论述了无产阶级革命文艺同无产阶级革命事业的关系。他指出，无产阶级的文学艺术是无产阶级整个革命事业的一部分，如同列宁所说，是整个革命机器中的齿轮和螺丝钉。因此，党的文艺工作，在党的整个革命工作中的位置，是确定了的，摆好了的，是服从党在一定革命时期内所规定的革命任务的。群众文化作为党的整个文艺工作的一部分，无疑也是无产阶级整个革命机器中的“齿轮和螺丝钉”。

在新民主主义革命时期，中国共产党通过各种群众文化活动，向人民大众宣传马列主义以及我党我军的性质及革命宗旨，揭露敌人的罪行，启发群众的觉悟，动员亿万人民参军参战。在争取革命胜利的斗争中，越来越多的人认识了群众文化的重要地位。早在 1927 年，毛泽东同志在对湖南农民运动进行考察时，就对农民协会利用标语、图画、讲演作政治宣传的做法大加赞扬，指出这种办法“收效非常之广而速”。又如 1943 年，江西中央革命根据地出版的一本《革命歌谣选》中，记载了《青年实话通讯员》的一则报道，更是生动地说明了群众文化在无产阶级革命事业中具有何等重要的地位。总之，那时候，无论是在白色恐怖下的敌占区，还是在建立了革命政权的解放区，也不论是烽火纷飞的前沿阵地，抑或是风雪交加的行军途中，即使是贴一幅漫画，唱一支

歌曲，打一段快板，撒一张传单，办一期墙报，演一出小戏，都能收到良好的效果。

在社会主义革命和社会主义建设时期，群众文化工作作为党的事业的一部分，受到了党和国家的高度重视。如在各地设立了群众文化事业机构，并明确规定了这些机构的性质、方针和任务；在广大城乡建立了数以万计的群众文化组织，培养了大批的文艺骨干，兴建了一大批规模不同的文化设施。群众文化无论是在过去配合三大改造、配合农业合作化运动的宣传鼓动工作中，还是在配合今天正在进行的“四化”建设中，都发挥了重要作用。与专业文化比，其更具有自己的特色。它小型多样又轻便灵活，不限时间，不限地点，不限范围，不限人数，可以随时用广播、板报、墙报、讲座、橱窗及曲艺等形式，直接宣传党的方针、政策，宣传国内外时事新闻，普及科学知识，表彰好人好事，也可迅速地编写短小精悍的文艺节目，供人们演唱。因而它能更及时、更直接地配合党开展活动，具有更强烈的战斗性。

三、群众文化是精神文明建设的重要组成部分

文明包括物质文明和精神文明两个方面。所谓物质文明，是指人们改造自然界的物质成果，它表现为物质生产的进步和物质生活的改善。所谓精神文明，则是指人们在改造客观世界的同时改造自己的主观世界，发展社会的精神生产和精神生活的成果，它表现为教育、科学、文化知识的发达和人们的思想、政治、道德水平的提高。按照马克思主义的观点，人民群众不但是一切物质财富的创造者，也是一切精神财富的创造者。群众文化是人民群众自己创造的。可以说一部群众文化史就是劳动人民不断建设和发展精神文明的历史。我国历史上一切进步的优秀群众文化，不仅具有一定的思想内容，而且包含丰富的科学文化知识，既对形成我们中华民族的传统美德产生着持久和深远的影响，又为发展我国传统艺术发挥了重大的作用。

在社会主义精神文明建设中，文化建设是不可缺少的一部分，它指的是教育、科学、文学艺术等各项文化事业的发展和人民群众知识水平的提高，也应当包括健康、愉快、生动活泼、丰富多彩的群众性娱乐活动。文化建设既是建设物质文明的重要条件，也是提高人民群众思想觉悟和道德水平的重要条件。为适应现代生产力发展和社会进步要求，在全社会形成文明的、健康的、科学的生活方式，振奋起积极的、向上的、进取的精神，开展群众文化活动显得非常重要。在当前社会主义条件下，剥削阶级作为一个阶级虽然不存在了，但是封建主义意识形态并没有随其消亡而消亡，在一个相当长的时期内还会存在，还会继续毒害人们的思想。随着对外政策的开放，在引进西方先进技术的同时，腐朽的资本主义思想也会乘机而入。因此，用社会主义思想文化占领城乡阵地，是保证社会主义精神文明建设的重要条件。对触犯刑法、危害社会秩序的人，采取法律手段自然是必要的，但是要使人们，特别是青少年热爱祖国、热爱社会主义、坚信共产主义、自觉抵制非无产阶级思想的侵蚀，单纯使用行政手段进行强制约束是不够的，必须采用各类健康高尚的文化娱乐活动，通过艺术形象，使人们在潜移默化中受到感染和教育，才能达到征服人心的目的。

现实生活中常有这样的情况：一些失足青年往往由于在群众文化活动中受到了强烈的震动和感化，因而改过自新。事实证明，凡是群众文化活动开展得好的地方，那里的社会风气就相对地好一些，精神文明的程度就相对地高一些。

提高全民族的科学文化水平，也是社会主义精神文明建设的重要内容。在这方面，教育部门无疑负有主要责任。但是，一个人在学校学习的时间也是有限的、短暂的，需要靠学校以外的社会教育来丰富知识，提高科学文化水平。文化馆、图书馆、展览馆、俱乐部、少年宫等就是担负社会教育的群众文化机构。群众文化具有知识性、趣味性、通俗性等特点，集德育、智育、体育、美育于一体，是人们启迪智慧、增加知识的重要途径，因而被人们称为“社会大学”或“社会课堂”。

总之，群众文化是精神文明建设的重要组成部分，这在理论上是没有异议的。但是，那种“只问庄稼长不长，不管锣鼓响不响”等轻视群众文化的现象，在一些地方还是存在的。这种轻视群众文化的观点，从表面上看，只不过妨害群众文化的发展，但从实质上看，却有损社会主义精神文明建设。建设社会主义精神文明，是全党的任务，是各条战线的共同任务。社会主义物质文明和精神文明的建设要一起抓，这是我们党坚定不移的方针。那种轻视群众文化的做法是错误的，应当得到纠正。

第二节 群众文化的社会功能

群众文化作为社会意识形态的一部分，属于社会的上层建筑。根据群众文化在社会实践中的作用，我们可以把它的社会功能归纳为六个方面：娱乐休息功能、宣泄情感功能、审美功能、思想教育功能、传承文化功能、社会实用功能。这六个方面的功能互相联系，不可截然分开。

一、娱乐休息功能

群众文化具有娱乐休息功能，这是群众文化区别于政治、法律、哲学等其他社会意识形态的一个标志，因为它本来就是人们在生活中为了娱乐和更好地休息而创造产生的。当人们劳累之后，一种自然的生理要求，就是要活动一下自己的身体，以轻松的形式把自己的心情和感受传达给别人，表现一下自己的满足与适意。逢年过节舞龙灯、耍狮子、踩高跷、划旱船，举行摔跤、赛马、射箭、歌舞等各项民族形式的文体活动，都具有娱乐休息的作用。

农民在劳动之余，或者在田头地边、瓜棚荫下，唱山歌、说笑话、猜谜语、摆龙门阵、跳秧歌舞，或者到文化室、集镇文化中心参加各种游艺活动；工人下班之后，根据个人的兴趣与爱好去文化宫、俱乐部、公园；退休老人去茶馆品茶听书，谈古论今；青少年学生趁假日结伴郊游、爬山等。这些活动能使人们从中得到娱乐，调剂生活。群众文化活动是人们一种最普遍、最方便的休息方式。

群众文化的精神调剂作用，指的是群众文化在调控参与者的意识和一般心理状态方面所产生的效能。

群众在自发自觉参与群众文化活动的过程中，会对自身的价值、才能、修养、财富、感知能力和情感倾向等状况进行自我观照、自我表现和自我评价，并由此带来自身情感、想象、意志和愿望的稳定或变化，从而发挥精神上的调控和互补作用。这种精神调剂作用主要表现在娱乐休息、宣泄情感和审美三个效能上。

人们通过参与群众文化活动，能在娱乐中得到一种积极性的休息，这往往也是人们自发自觉参与群众文化活动的第一需要。

人生存必需的生活资料须由自身的劳动生产来保证，而要保证劳动者精力旺盛地投入生产就必须保证劳动者得到必要的休息。从生理意义上说，人必须劳逸结合，否则会破坏人的肌体机能；从心理意义上说，人必须有张有弛，否则会损害人的神经系统。

群众文化活动的娱乐休息功能为劳动力的再生产做好准备。

休息的方式通常有两种：一种是积极性休息，另一种是消极性休息。积极性休息能使人的外周感官感觉冲动，并在下丘脑整合扩散，激活大脑皮层，大脑皮层又产生新的兴奋灶，分泌出有益于健康的激素，促进人体新陈代谢，从而有利于消除疲劳，恢复体力，保证精力充沛地再投入工作和劳动。

当今时代，劳动节奏更紧张，强度更大，劳动者更需要通过如群众文化活动的娱乐得到积极性休息，养精蓄锐，以便投入再生产、再工作。

娱乐休息原本就是伴随劳动而产生，并一直伴随劳动贯穿人类生活全过程的，并且以各种群众文化的娱乐方式表现出来。即使有些活动带有宗教的色彩，为祈求保佑风调雨顺、五谷丰登而愉悦“神灵”的同时，其实也在愉悦着自己。

群众文化的形式和内容，随着历史的发展不断地推陈出新，而它的娱乐休息功能始终保持着相对的稳定性。

二、宣泄情感功能

群众文化的宣泄情感功能，是指群众文化能在调节参与者和情感方面产生影响。

人类的情感十分丰富，喜欢、愤怒、悲伤、恐惧、爱慕、厌恶等心理体验，都是情感的基本表现，而且起伏变化。如果某种情感量积聚超过一定的度，就会使心理失态，精神紊乱，甚至崩溃。人的情感受社会生活方式、社会内容和文化教育的影响和制约，可以通过一定的意志力控制；但过度的压抑会造成人生理和心理上的伤害，为了有利于情绪的稳定，必须通过一定的方式予以释放，即宣泄。

“歌，咏其声也；舞，动其容也”，兴奋起来，“手之舞之，足之蹈之”等，说明群众文化一直就具有宣泄情感、稳定情绪的功能。而且由于群众文化是同社会性的需要，与人的意识紧密地联系在一起的，所以通过它来宣泄情感，会使宣泄者的道德感、理智感及美感等交织在一起，并且又置身于社会和群众监督、注视的特定的环境中，心理活动的调控无疑获得了非常好的表现方式和途径。

人类心理上有一个共同点，就是希望自身的存在能得到社会的认同与尊重。这是一种普遍的社会心理需要，如得不到满足，人们就会忧郁、痛苦、羞愧、烦躁，其行为就会消极懈怠、自暴自弃，甚至采取与社会冲突对抗的行为，这就需要让人们有充分表现自己的方式和机会，以防微杜渐。群众文化能为参与者提供尽情展示自己才华、技巧、风采、能力和自身价值的舞台，既检验了自我，又获得了愉悦，也会被社会所发现和认同。

总之，群众文化的宣泄情感功能能够使群众文化的参与者的情感情绪由消极变为积极，由躁动变为平稳，使生理、心理保持健康的状态。

三、审美功能

群众文化的审美功能，指的是通过群众文化的具有审美意义的形式和内容，激发人们认识美、热爱美、追求美、创造美的生活情趣和理想，并予以人情绪上的激动、感觉上的快适以及精神上的愉悦和满足。

群众文化能给人以美的享受，心理上的愉快和满足，使人产生美感。这种美感是生理快感和理性快感的有机统一，是内在美和外在美和谐统一的心理体验。群众文化能提高人的审美能力，丰富人的审美经验，端正人的审美态度，从而大大地健全了人的审美心理，而这种审美心理的变化又必然地影响到人的整个精神状态的变化。

由于群众文化的审美活动受到各种社会因素的影响，因此又是一种社会心理过程。无论审美心理因浸淫于美的享受、美的联想而如何恣肆，社会心理的理性思维总会“冷静”地将群众文化的参与者“劝”回到现实中来，规正着人们的情感、情绪和精神状态。

四、思想教育功能

在一般情况下，群众文化的思想教育功能与娱乐休息功能，两者常常结合在一起，互为因果，兼收并蓄。群众文化的思想教育功能，不是用论证的方法，而是寓思想教育于娱乐之中，通过各种文化艺术活动，尽可能用鲜明、生动的艺术形象去影响人们的精神世界，使人们的思想、感情、性格、品德在不知不觉中受到感染和熏陶。如业余剧团演出有关包公、海瑞、况钟等清官戏，剧中主人公居官清廉、刚直不阿的优良品质以及秉公执法、为民申冤的正义行为，必然会在观众的脑海里留下深刻的印象，令人敬佩。在青少年儿童中间，讲述刘胡兰、董存瑞、黄继光、雷锋、焦裕禄、张海迪等具有爱国主义、国际主义精神和全心全意为人民服务的崇高品质的人的故事，能使青少年受到革命人生观的教育，从小树立起为人民服务、为共产主义事业而奋斗的崇高理想。

群众文化的思想教育功能取决于群众文化活动的内容。只有那些内容健康、催人积极向上的文化活动，才能起到鼓舞人、教育人的作用。历史上一切进步的文化，都是由于真实地反映了劳动人民对社会的深刻认识和对生活的正确态度，表现了群众进步的世界观、道德观，因而能帮助人民推动社会历史的前进。今天，在各地开展的社会主义精神文明建设的活动中，群众运用各种文艺活动形式宣传马列主义、毛泽东思想，宣传共产主义的理想、道德，宣传现实生活中的新人新事、新风尚，对培养一代社会主义新人，提高人们的精神境界，改变不良社会风气，效果是非常明显的。如果群众文化活动的内容不健康，也会给群众带来消极影响，甚至把人引向品行败坏、堕落犯罪的道路。

我们应该提倡和支持那些健康有益的文化活动，抛弃那些腐朽的、消极的、污染精神的东西，以促进社会主义精神文明建设。

群众文化之所以具有思想教育的功能，是与它的通俗化、大众化的宣传方式分不开的。如民间戏剧、曲艺、文学、音乐、舞蹈、美术等，都具有通俗易懂、形象生动的特点，为群众所喜闻乐见。

总之，在不同的文化活动中，有不同的思想内容和宣传方式，因而能够起到不同的宣传教育作用。政治思想性强的活动能起到宣传教育作用，娱乐性强的活动也同样能起到宣传教育作用。开展群众文化活动，不能让一切活动都围绕“中心工作”转，因为这样做必然会使群众文化活动的路子变得很窄，不能收到应有的思想教育效果。

五、传承文化功能

传承文化功能，是群众文化活动的一个显著的特点。许多传统的群众文化活动，自产生以后，便以某种固定的形式世代相传，呈现出古老的风貌。如赛龙舟，就是传承文化的一种具体体现。据《隋书•地理志》载，屈原投汨罗江后，“土人追至洞庭不见，湖大船小，莫得济者，乃歌曰：‘何由得渡湖？’因尔鼓棹争归，竞会亭上，习以相传为竞渡之戏。”古代龙舟竞渡，以唐宋时最盛，流传至今，距屈原死时（公元前 278 年）已两千多年了，而这项活动形式还保持了原来的风貌。又如民族的一些传统文化活动节日，一旦产生，便由各族人民在长期的历史发展过程中，代代传承，相沿成习，形成一种固定的文化活动形式。

群众文化在继承自己传统的基础上，又总是不断地衍生着新的活动形式。特别是中华人民共和国成立以后，党和政府高度重视群众文化，为抢救、发掘、搜集、整理民族民间文艺遗产，做了大量工作。不少古老的群众艺术不仅获得了新生，而且有所创新，有所发展。昔日的“下里巴人”，如今在祖国的大地上如鲜花竞放，甚至传向世界。如闻名中外的户县、金山县农民画，分别是 20 世纪 50 年代和 70 年代才开始发展起来的。广大农民作者运用民间雕刻、刺绣、剪纸、灶壁画等传统的美术形式，并融合一些新的表现手法，赋予新的内容，逐渐形成了自己独特的艺术风格，发展成为群众喜闻乐见的一种新画种，获得了国内外美术界的高度赞许。户县、金山县农民画先后在几十个国家展出，国外还出版了多个版本画册。

我国许多少数民族的戏剧形式，也都是各民族群众在继承本民族文化传统的基础上发展起来的。例如彝剧，就是 20 世纪 50 年代由云南省楚雄彝族自治州县华山的农村业余剧团，在彝族歌舞和“梅葛”调的基础上发展起来的新剧种。它的代表剧目《半夜鸡叫》，在国内出版后，很快又被介绍到国外。类似这样发展起来的年轻剧种还有白剧、撒尼剧、布依剧等，这些都是群众文化传承文化功能的具体体现。

群众文化的传承文化功能，一方面繁荣了群众文化本身，代代相传，不断发展；另一方面为专业文化提供了丰富的原料和养料。可以说，没有群众文化的传承作用，也就没有灿烂的古代文化，也就没有如此琳琅满目、瑰丽多姿的社会主义文化。

六、社会实用功能

群众文化之所以成为人民群众生活不可缺少的一部分，除了其能够满足人们精神生活需要之外，还因为它具有一定的社会实用功能，这种功能，突出地表现在以下三方面：

一是美化人民生活的功能。群众文化作为人民群众的一种美的创造，自然具有美的实用价值。湖南省通道侗族自治县，妇女们个个都会织侗锦，至今还有这样的民俗。侗锦不但是姑娘们表达爱情的信物，而且用作她们结婚的嫁妆。在日常生活中，小孩穿戴的衣服、帽子、口水兜、背带，背篓上扎的花带，姑娘们的头帕、腰带，床上的枕巾、被面、垫单，无一不是侗锦。各种色彩鲜艳、图案精巧的侗锦，美化了侗族人民的生活，表现了他们的理想和审美观念。在那里，一个家庭、一座吊脚楼内，如果没有侗锦装饰，就似乎失去了生活的光彩，会使人若有所失。又如平常人们在自己的屋前屋后种植花草果木，在阳台上、房间里摆设各种花卉盆景，令人赏心悦目，起到美化家庭环境的作用。千百年来，人民群众在自己的生产劳动和文化活动中，创造了美不胜收的美术作品，如造型风格各异的楼台亭榭、石桥、木廊、祠堂殿宇、民房私宅，巧夺天工的石雕、泥塑，生动活泼的彩绘陶瓷，精巧秀美的挑花刺绣，绚丽多彩的服饰、头饰，千变万化的民间剪纸，等等，在美化人民生活方面都起到了重要作用。

二是传授科学文化知识的功能。群众文化在内容上具有综合性的特点，包括社会科学知识和自然科学知识的各个方面。在活动的对象上，它又具有广泛的群众性，男女老幼，从文盲到知识分子，都可以在这里发挥自己的聪明才智，都可以找到自己的良师益友。

过去，在反动阶级统治下，劳动人民被剥夺了学习文化的权利，因而参加群众文化活动便成为劳动人民传播和学习各种知识的重要途径。山坡上、火塘边、禾坪里，到处都是口头传授历史、文化、农艺的课堂。许多寓言、故事、民歌、谚语、歌谣等，就是这样一代一代口头流传下来的。

在人民群众为振兴中华而奋斗的今天，群众文化在普及科学文化知识方面所发挥的作用更是异常显著。现实生活中不乏这样的事例：许多没有机会进大学深造的青年，利用群众文化自学成才；不少科研技术人员通过群众文化部门提供的资料，及时解决了生产中的难题，获得了重大科研成果；不少农村文化站、俱乐部通过举办科技讲座、放映科教电影、推荐科普读物、编写科技墙报等方法，普及科学种田知识，对农业的发展做出了有益的贡献。正如群众自己说的，丰富多彩的群众文化活动，是人们的“自学之师”“知识之库”“科学之家”，是综合性的“社会大学”，是活的“百科全书”。这些赞美之词，无不形象地说明了群众文化在普及文化科学知识方面的重要作用。

三是健身延寿功能。许多群众性的体育活动，如长跑、游泳、拔河、打太极拳、做保健操等，主要以锻炼身体为目的。一些群众性的武术、舞蹈活动，以及部分传统的民族民间艺术活动，也都具有健身的功能。丰富多彩的群众文化活动，能为人除愁解闷，带来愉快和欢乐。从这个意义上说，一切有益于群众健康的文化活动，都具有健身延寿的功能。

第四章　群众文化工作的任务、基本原则和要求

第一节　群众文化工作的任务

中华人民共和国成立以后，对“群众文化工作的任务”的权威表述主要体现在 1981 年 8 月中共中央下发的《关于关心人民群众文化生活的指示》的文件中。该文件明确将群众文化工作的任务定义为：“第一，通过各种文化活动，提高人民群众的精神境界和社会主义觉悟，培植共产主义的理想、信念、道德和情操，培养科学态度和实干作风，发扬积极进取和勇于改革的革命精神，激励人们热爱祖国、为建设社会主义献身奋斗，造就社会主义一代新人。第二，使人民群众在劳动、工作之余能够得到有益于身心的文化娱乐，以利于消除疲劳，恢复体力，陶冶性情，焕发精神。文化娱乐活动的内容，要以有利于人民身心健康为原则，寓教育于文化娱乐活动之中。第三，积极创造条件，使人民群众在业余时间有可能自愿地参加各种文化娱乐活动，从体力和智力两个方面发展自己的个性和创造才能，增进自己的知识、技能、智慧和健康。”

这段表述基本上将群众文化工作的任务概括为：通过多种形式的文化活动，造就社会主义一代新人；满足人民群众在劳动、工作之余的文化娱乐需求；积极创造条件，使人民群众在业余时间有可能自愿地参加各种文化娱乐活动。

如今，群众文化工作已经有了四十余年的长足发展，并已成为公共文化服务体系的重要组成部分。在这一背景下，群众文化工作应当与公共文化服务体系建设的目标任务保持一致，为实现普遍均等的公共文化服务而努力。与其他公共文化服务方式不同，群众文化工作是以吸引群众参加文化艺术活动为组织方式，以群众自身为活动主体，以满足群众的基本文化需求为主要目标的公益性文化服务。

按照当前公共文化服务体系建设的要求，群众文化工作的任务可以确定为以下四个方面：

一、满足人民群众文化需求

通过以群众文化活动为重点的群众文化服务，满足人民群众的基本文化需求，保障人民群众进行公共文化鉴赏、参加群众文化活动、提高文化艺术素质、参与群众文艺创作等基本文化权益。这是在公共文化服务体系背景下对群众文化满足人民群众文化需求任务的明确表述，是群众文化工作的立足点和出发点。

（一）进行公共文化鉴赏

进行公共文化鉴赏反映了人民群众的基本文化需求，是人民群众参与文化活动的主要形式。参加公共文化鉴赏活动具有陶冶情操、愉悦身心、舒缓精神、培养情趣等多重功效，对提高整个中华民族的思想文化素质和精神文明水平具有重要作用。

开展以群众文化服务为内容的公共文化鉴赏活动可以采用多种形式，如利用群众文化设施开设用于群众读书、看报、上网、欣赏音像制品等的专门厅室；采用政府购买、政府补贴、市场参与等方式为群众提供免费欣赏戏剧、舞蹈、音乐等专业文化艺术的机会；组织专业和业余文化艺术团队开展送高雅艺术进社区、进乡村的活动；组织绘画、摄影、书法等各种艺术样式的展览（包括网上展览）等。

（二）参加群众文化活动

与公共文化鉴赏活动不同，参加群众文化活动体现了活动参与者在活动中自我表现的角色地位。因此，参加群众文化活动更能激发人们的自娱热情，使人们不仅可以从中得到自身的愉悦，展示自身的才华，也能满足自我表现的欲望。为群众文化服务，就是要更多地为群众创造和提供参加群众文化活动的机会和条件。例如，调动群众文艺积极分子的潜能，组织群众参加各类文艺团队；组织丰富多彩的公园、广场、节庆等群众文化活动，为群众的演出活动搭建平台；组织各类群众文艺比赛和汇演，调动群众参加群众文艺表演的积极性；等等。

（三）提高文化艺术素质

提高全民的文化艺术素质，通过文化艺术宣传的形式，对群众进行爱国主义、集体主义、社会主义的教育，弘扬社会主义核心价值理念，弘扬中华民族的传统文化与民族精神，提高全民的审美能力、鉴赏能力、艺术修养、生活情趣等多方面的综合素养。群众文化工作应担当起提高全民文化艺术素质的任务，积极开展各类普及性的文化艺术培训、各类文化艺术交流活动等。

（四）参与群众文艺创作

人民群众既是文化艺术的享受者，也是文化艺术的创造者。群众需要以文化艺术创作的形式来表达个人的思想、意志、观念和愿望。从根本上说，参与群众文艺创作是人民群众应当享有的文化权利。因此，应当鼓励和支持人们参与群众文艺创作，营造群众参与文艺创作的良好氛围。

二、促进人的全面发展

通过各种群众文化活动，培育社会主义核心价值体系，建设和谐文明的社会风尚，激发全民族的文化创造活力，促进人的全面发展，并以此推动社会主义文化的大发展、大繁荣。群众文化工作承担着传播先进文化、进行社会教育的重要职能。这种宣传教育不是简单的说教，也不是枯燥的课堂教学，而是以群众喜闻乐见的形式和潜移默化的方式来实现的。也就是通过举办各种丰富多彩的群众文化活动，吸引群众的积极参与。其需要实现的目标包括以下三个方面：

（一）培育社会主义核心价值体系

社会主义核心价值体系包括马克思主义的指导思想，中国特色社会主义的共同理想，以爱国主义为核心的民族精神和以改革创新为核心的时代精神，这是社会主义先进文化的重要体现。群众文化工作承担着培育社会主义核心价值体系的任务，它以健康向上的群众文化产品、丰富多彩的群众文化活动，在潜移默化中培养群众对社会主义核心价值的认同。

（二）建设和谐文明的社会风尚

建设和谐文明的社会风尚是建设中国特色社会主义的重要内容，对维护社会稳定、促进社会进步、增强人民团结具有重要作用。群众文化工作应把建设和谐文明的社会风尚作为自己的工作职责，通过搭建群众文化活动的平台，开展丰富多彩的群众文化活动，编创弘扬正气的群众文艺作品，宣传社会主义精神文明，倡导爱祖国、爱人民、爱劳动、爱科学、爱社会主义的思想；宣传社会主义传统美德，倡导助人为乐、尊老爱幼、互助友爱、无私奉献的精神；宣传社会主义道德风尚，倡导文明礼貌、诚实守信、和谐友善、勤劳质朴的民风，以此促进和谐、文明的社会风尚的形成。

（三）激发全民族的文化创造活力

“激发全民族的文化创造活力”是党对社会主义文化建设提出的要求。人民群众既是文化建设的创造主体，为文化发展创造物质基础并直接参与文化创造工作，也是文化建设的利益主体，是文化产品的最终享有者和受益者。广泛开展群众文化活动，能够使群众在活动中唤起文化创造的热情和潜能，获得文化创造的灵感，积极参加群众文化产品的创造，并且在创造中获得新鲜的文化享受。

三、建设群众文化服务网络

与中国特色社会主义事业和全面建成小康社会的历史进程相适应，按照结构合理、发展均衡、网络健全、运行有效、惠及全民的原则，以政府为主导，以公益性群众文化事业单位为骨干，鼓励全社会积极参与，努力建设以群众文化产品生产供给、设施网络、资金人才技术保障、组织支撑和运行评估为基本框架的覆盖全社会的群众文化服务网络。建设群众文化服务网络的基本要求有以下三点：

（一）坚持群众文化服务网络的建设原则

坚持群众文化服务网络的建设原则即建立党委领导、政府管理、群众文化事业单位依法运营的群众文化管理体制；建立以公益性基本文化服务为主，多方面、多层次、多样性文化服务为辅的群众文化提供机制；建立覆盖全面、责任分明的群众文化服务体系，逐步完善设施网络、组织体系、生产供给机制、资金人才技术保障机制、运行评估机制以及资源和服务成果共享机制等；建立免费开放群众文化设施、无偿提供群众文化服务的经费补偿机制，加大群众文化工作的投入力度，着力提高群众文化产品的供给能力；坚持城乡和区域群众文化服务协调发展，把群众文化服务的重心放在基层和农村，着力改善中西部地区群众文化服务的整体水平。

（二）遵循公共文化服务体系建设的总体要求

群众文化服务网络的建设应遵循公共文化服务体系建设的总体要求，即建立以政府为主导，以群众文化服务机构为骨干，以社会力量为补充的群众文化服务网络。各级政府要重点做好群众文化基础设施建设，保障群众文化服务经费投入，促进群众文化服务基本供给方面的工作；公益性群众文化事业单位则应以群众文化设施场地和喜闻乐见的文化艺术形式，为群众提供健康向上的群众文化产品和无偿质优的群众文化服务；同时还应鼓励全社会积极参与群众文化服务，积极支持群众文化服务机构以外的其他有关文化单位、社会教育机构等，组织开展公益性文化活动，并把通过国家购买或以政府资金资助方式获得的群众文化产品无偿用于群众文化服务。

（三）把握群众文化服务网络的基本框架

群众文化服务网络的基本框架是公共文化服务网络的主体支撑，应与公共文化服务网络的建设要求保持一致。其基本框架内容包括：

一是建立覆盖城乡的群众文化设施网络，并使之符合布局合理、功能齐全、使用高效的要求。

二是建立群众文化产品的生产与供给体系和群众文化产品需求的信息交流平台，进一步拓宽群众文化产品的来源渠道。

三是建立群众文化资金、人才、技术的保障体系，逐步建立起群众文化经费保障的长效机制，建立群众文化专业人员资格标准、准入制度及聘用制度，配备较为完善的艺术服务设备，逐步完善群众文化服务的设备配置标准。

四是建立分工明确的群众文化组织支撑体系，逐步形成政府文化部门承担宏观管理，群众文化服务机构承担服务供给，社会力量承担资源补充的群众文化运行机制。

五是建立群众文化服务的运行评估体系，形成政府、社会、服务群体共同参与的监督管理体系。

六是建立资源成果的共享机制，在运行机制、机构改革、制度创新、服务方式研究、文化资源整合等多方面进行有益的探索，建设覆盖全社会的文化资源成果共建共享平台。

四、弘扬中华民族的优秀传统文化

建设优秀传统文化的传承体系，弘扬中华民族的优秀传统文化，本着对民族、对历史、对后人负责的态度，积极做好群众文化所承担的民族民间文化的保护工作，不断推动有特色的优秀群众文化精品走向世界。这是时代赋予群众文化工作的新的任务。

优秀传统文化是中华民族的根基和血脉，是建设中华民族共有精神家园的重要支撑。弘扬优秀传统文化历来是群众文化工作的任务之一。1956 年下发的《关于群众艺术馆的任务和工作的通知》中，明确将“发扬与继承民间艺术传统”作为群众艺术馆的工作任务；1992 年发布的《群众艺术馆文化馆管理办法》也将“搜集、整理、保护民族民间文化艺术遗产”作为一项重要的工作任务。2005 年以后，群众文化机构更是在中国非物质文化遗产保护工作中发挥了骨干作用，挖掘整理了一大批具有重要历史、文化、科学价值的非物质文化遗产项目。

随着非物质文化遗产保护工作的深入，许多原来由群众文化部门承担的非物质文化遗产保护工作，转由陆续建立的非物质文化遗产专门机构承担，但群众文化工作不能由此放弃历来所承担的民族民间文化的挖掘整理工作，应在积极做好弘扬和传承传统文化艺术的同时，创造出具有优秀历史文化传统的民族民间文化艺术精品，并不断扩大与世界各国民间文化组织的交流与合作，逐步使具有中华民族优秀传统和多样性文化特征的群众文化产品走出国门，走向世界。

在公共文化服务体系建设的大背景下，群众文化工作的任务有了新的定位和扩充。较之以往，群众文化工作的意义更加重大，任务也更加繁重和艰巨。

第二节　群众文化工作的基本原则

一、群众文化工作要遵循公共文化服务的基本原则

（一）以人为本原则

该原则强调以满足人民群众基本文化需求、维护人民群众的基本文化权益为出发点和落脚点。“以人为本”是群众文化工作的首要原则。坚持以人为本原则，就是要从保障人民群众基本文化权益的基点出发，把为人民群众服务放在群众文化工作的首位。以人为本原则要求群众文化工作必须准确把握新的时代背景下人民群众对精神文化生活的新需求、新期待，切实维护公共文化生活的公平与正义，使文化发展的成果被全体人民所共享，从而真正实现面向全体人民的公共文化服务。

在群众文化工作中坚持以人为本原则体现为：坚持群众文化活动业余自愿的原则，按照群众的意愿组织开展群众文化活动；以满足群众的文化需求为目标，不断提高群众文化产品和服务的供给能力和质量；坚持把群众的满意度作为评价群众文化工作的根本标准，不断提高群众文化工作的整体水平；发挥群众在群众文化活动中的积极性、主动性和创造性，创造群众参与群众文艺创作的良好环境；提供均等、便捷的群众文化服务，保障群众的合法权益。

（二）公益性原则

该原则强调群众文化工作不以营利为目的，而以追求社会效益为目标，由政府承担群众文化服务的经费。公益性是公共文化服务的本质属性，公民依法享有一定的文化权利，即在公共文化生活中享有公共文化产品和服务的权利。群众文化服务必须是公益性的，从这一原则出发，政府主办的文化事业机构必须承担起为群众提供免费的或优惠的群众文化服务的职责。群众文化服务机构的基本特征在于：以追求社会效益为目标，而不以营利为目的，群众文化服务的经费从政府财政经费中列支。这与从事经营性文化服务的文化企业有着本质的不同。

在群众文化工作中坚持公益性原则体现为：免费开放群众文化设施，实现群众文化场所的“零门槛”进入；无偿提供群众文化活动的场地和设备，开设群众可以参与的各类免费活动项目；协助政府部门选购群众所需的文化产品，完成政府交办的各类文化艺术演出任务；组织免费的基础性文化艺术培训，辅导群众业余文化艺术团队和群众文艺骨干等。

（三）公平性（均等性）原则

该原则强调统筹群众文化事业的发展，保障公民平等地享有群众文化服务，实现群众文化服务的均等化。公平性原则强调公民在获得群众文化资源、享受群众文化服务方面所应享有的平等权利，包括获取机会、服务内容、服务质量以及服务过程的平等性。群众文化工作的公平性，说到底就是群众文化服务的均等性。群众文化服务必须惠及全民，地域、年龄、性别、贫富以及文化水平高低都不能成为群众均等地获取群众文化资源、享受群众文化服务的障碍。公平性原则要求群众文化工作必须满足不同地域、不同人群的文化需求，将服务面惠及全体人民，使人人都能获得机会均等、质量稳定、公正公平的文化服务。

在群众文化工作中坚持公平性原则体现为：树立“人人享有文化权利”的

理念，提高对群众文化服务普惠性、均等性的认识；按照人民群众不同的文化需求，合理配置群众文化资源和群众文化服务；关注文化基础薄弱、文化资源匮乏的地域和人群，保障基层、农村和特殊人群的基本文化权益。

（四）基本性原则

该原则强调群众文化不可能满足公民所有的文化需求，只能提供进行公共文化鉴赏、参加群众文化活动等基本群众文化服务。基本性原则强调所提供的群众文化产品和服务应属于基本性的范围，满足的是群众一般性的文化需求。换言之，群众文化服务所提供的不是群众精神文化生活需求的全部，其超出基本文化需求的部分，不属于无偿提供的范围。对于那些个性化、多元化的文化需求，需要通过市场购买的方式来实现。基本性原则对群众文化工作的要求，就是要积极提供属于群众基本文化需求范围的文化服务。

在群众文化工作中坚持基本性原则体现为：以基本性的群众文化服务为出发点和主体目标，充分保障群众的基本文化权益；提高基本性群众文化服务的质量，保证群众文化服务的满意度；拓宽基本性群众文化服务的范围，坚持以免费的方式加以提供；部分满足非基本性、个性化的群众文化需求，探索合理、优惠的有偿服务方式。

（五）便利性原则

该原则强调在群众文化设施的建设、群众文化信息的获取、群众文化活动的开展、群众文化服务的提供上，要方便人民群众。便利性原则强调群众文化所提供的服务应当是近距离的、经常性的和容易获取的。便利性的要求涉及四个方面：一是要求群众文化设施布局合理，使群众能够就近前往，省时省路；二是要求群众文化信息快捷畅通，使群众能够及时获取，便于查询；三是要求群众文化活动安排得当，使群众能够随心所愿，经常参与；四是要求群众文化服务程序简便，使群众能够顺利获取，任意选用。便利性原则是以人为本原则的具体体现，也是实现公益性原则、公平性原则的前提和条件。

在群众文化工作中坚持便利性原则体现为：新建群众文化设施应选在交通便利、人口集中的地域，便于群众聚集活动且易于疏散；建设以服务半径为标准的群众文化服务圈，合理延长群众文化设施的开放时间，确保群众文化服务的总量充足；开展送文化下农村、下社区、下基层服务，提供灵活多样、便捷到位的服务；充分利用现代化的信息技术手段，运用网络、影像、数字化技术为群众服务；加强群众文化资源的采集整理，提高远程供给能力和利用水平；关注特殊人群的群众文化服务，为残疾人和老幼群体设置便捷、无障碍的服务通道。

二、群众文化工作要遵循群众文化规律的基本原则

（一）群众文化需求与满足群众需求存在矛盾的规律

多样性是群众文化的显著特征，主要表现为群众文化服务内容的多样性和群众文化服务方式的多样性。

群众文化服务内容的多样性体现在：群众文化活动样式的多样性，如文学、音乐、舞蹈、戏剧、美术等；群众文化活动类型的多样性，如创作、表演、展览、培训、观赏等；群众文化形态的多样性，如城市群众文化、农村群众文化、企业群众文化、校园群众文化、家庭群众文化等；群众文化特色的多样性，即由于不同民族、不同区域、不同行业、不同年龄等因素形成的不同特色的群众文化。群众文化服务内容的多样性，为满足群众多样性的文化需求创造了条件。

群众文化服务方式的多样性体现在：群众文化供给方式的多样性，如政府购买、群众文化机构提供、志愿服务、民间组织自给等；群众文化服务手段的多样性，如阵地服务、广场及公园活动、送文化下基层、特殊群体服务等；数字和网络技术手段的多样性，如数字广播电视信息平台、数字电影放映网络系统、网上展览、网上剧场和群众文化活动远程指导等。

正是群众文化的这种多样性的特点，使得人们对群众文化的需求动态变化且不断提高。随着对文化地位认识的提高和现代科学技术的发展，群众文化在满足群众需求方面虽然有了长足的进步，但是在人民群众日益增长并更加丰富多样的文化需求面前，要想实现和满足群众多样性文化需求以及适应这种需求的动态变化，仍然有较长的路要走。这使得群众文化需求与实现需求之间的矛盾，成为群众文化发展过程的基本规律。群众文化事业正是在不断地实现和满足人民群众多样性和动态变化的文化需求的过程中逐步发展的。因此，群众文化工作只有不断地丰富群众文化服务的内容，改进群众文化服务的方式，才能真正缓解群众文化需求与现实需求之间的矛盾。

（二）群众文化与客观环境相互制约的规律

群众文化与其赖以生存的客观环境有着密切的联系。群众文化的客观环境包括自然环境、社会经济环境、文化环境、科学技术环境、政策环境、安全环境等多种因素，这些因素在很大程度上可以影响和制约群众文化的发展。

自然环境是群众文化形式和内容存在的基础，决定着人的生产方式和生活方式，也影响着人们对群众文化形式和内容的选择。社会经济发展环境为群众文化提供需求动力和物质条件，决定着群众文化的发展水平、运行模式和社会地位，也影响着人民群众对群众文化的需求程度以及满足群众文化需求所要具备的物质条件。文化环境是群众文化生态的根基，影响着群众文化的发展方向和价值取向。科学技术环境可以为群众文化提供新的技术支撑和物质保障，可以带动群众文化服务内容和服务方式的丰富和更新，提高人们参加群众文化活动的热情，促进人们文化消费的积极性。政策环境能为群众文化的健康发展提供生存空间，引导群众文化遵循正确的方针和政策，保障群众获得基本的群众文化服务，保障群众文化获得所需的资金、设备和人才支持。安全环境则可以为群众文化提供良好的活动空间，使群众能在和谐、欢乐的氛围中享受群众文化带来的快感，保障人民群众生命财产的安全，保证国家文化信息和文化主权的安全。

同时，群众文化的发展也对客观环境具有反作用，健康发展的群众文化可以促进客观环境更加优化，反之则会导致客观环境逐渐恶化。因此，群众文化与客观环境是相互影响、相互制约的关系，群众文化工作应当遵循两者之间的客观规律。任何不尊重甚至违反这一规律的行为，都会对群众文化产生不良影响。

（三）群众文化活动在群众文化诸要素中居于核心地位的规律

群众文化学认为：群众文化是一种复杂的社会现象，它由群众文化活动、群众文化事业、群众文化工作、群众文化群体、群众文化理论等要素构成一个完整的体系。在这一体系中，群众文化活动始终居于核心地位，群众文化活动的存在和发展决定着其他群众文化要素的存在和发展。群众文化工作之所以要以群众文化活动为重点，主要原因在于：

第一，群众文化活动是群众文化最基本的表现形式。群众文化的起源是群众文化活动，反过来说，群众文化活动则是人类最原始的文化形态。人们基于对群众文化活动形态的认识，衍生了群众文化；也是基于对群众文化活动形态的认识，逐步开始对其进行组织和管理，才衍生了群众文化工作。因此，群众文化工作源于群众文化活动，做好群众文化工作离不开对群众文化活动规律的认识和研究。

第二，参加群众文化活动能够满足人民群众的基本文化需求。人民群众的基本文化需求主要在于获得求知、求乐、求健、求美、求自我表现的心理满足，并从中获得身心的轻松和精神的愉悦，这也是人们参加群众文化活动最主要的动机和目的。从另一个侧面来讲，正是由于群众文化活动具有内容丰富、形式多样的特点，才使其能够发挥多重效应，能与人们的心理愿望相契合。

第三，群众文化活动是人们喜闻乐见的娱乐方式。群众文化活动可以满足人们娱乐休闲、情感宣泄和审美实现等多样化的、个性化的要求。特别是时代的发展，各种高科技手段的广泛应用，使群众文化活动固有的魅力愈发彰显，对人们的吸引力也明显增强。可以说，以群众文化活动为重点是群众文化的客观反映，因此应围绕组织群众文化活动来开展群众文化工作，并以此服务和促进人民群众文化生活的繁荣。

（四）寓教于乐的规律

“寓教于乐”反映了文化艺术的本质特征，是文化艺术所蕴含的思想、观点、伦理、理念对人们的一种潜移默化的陶冶和教化。“教”是目的，“乐”是手段，“教”是通过“乐”的方式来实现的。“寓教于乐”显示了文化艺术自身所具有的特殊影响力，也显示了文化艺术的独特魅力。从群众文化的角度来讲，娱乐是群众参与群众文化活动的最直接的目的。组织开展健康向上的群众文化活动能够给人以积极的影响，展示群众文化的教化功能，使人在群众文化活动中受到教育和启迪。

群众文化承担着传播社会主义精神文明、弘扬社会主义先进文化的任务，群众文化应当充分利用文化娱乐的特有方式实现教育群众的目的。在公共文化服务体系建设的背景下，群众文化工作要把社会主义核心价值体系的教育寓于群众文化活动之中，发挥其引领社会思潮、建设和谐文明风尚的作用。

第三节　群众文化工作的要求

一、新的文化发展观对群众文化工作的要求

新的文化发展观明确提出：要以人为本，经济、政治、文化、社会协调发展。文化越来越成为民族凝聚力和创造力的重要源泉，越来越成为综合国力竞争的重要因素，丰富精神文化生活越来越成为我国人民的热切愿望。

（一）推进群众文化的大发展大繁荣

新的文化发展观对群众文化工作提出了更多、更高、更新的要求，学习运用新的文化发展观，推进群众文化的大发展大繁荣，是做好群众文化工作的前提。

新的文化发展观蕴含着十分丰富的内容。要树立新的文化发展观，必须坚决冲破一切妨碍发展的思想观念，坚决改变一切束缚发展的做法和规定，坚决革除一切影响发展的体制弊端，做到思想上不断有新解放，理论上不断有新发展，实践上不断有新创造。新的文化发展观的基本要求，是要用文化的视角看发展，用发展的眼光看文化，加快推进公共文化服务体系建设，促进和推动社会主义文化的大发展大繁荣。

新的文化发展观对群众文化工作的要求：坚持以人为本，紧紧围绕满足人民不断增长的精神文化需求，让群众广泛享有免费或优惠的群众文化服务，更好地满足人民多方面、多层次、多样化的文化需求；坚持改革和创新，冲破一切不适合群众文化发展的思想观念、做法、规定和体制弊端的束缚；注重城乡的协调和可持续发展，增加农村和边远贫困地区的群众文化服务总量，缩小城乡、区域群众文化发展的差距，着力解决流动人口等群体群众文化生活不足的问题；认识和处理好满足基本文化需求与满足多方面、多层次、多样化文化需求的关系，发挥主阵地作用与动员社会力量参与群众文化服务的关系，群众文化事业机构改革与群众文化发展的关系；不断加强群众文化产品的生产与供给，提高质量，多出精品，提高群众文化的服务能力和服务水平，让人民群众共享文化改革发展的成果。

（二）推进群众文化思想观念创新

推进群众文化思想观念创新，不断深化对群众文化发展的地位、方向、动力、思路、格局和目的的认识，不断解放和发展群众文化生产力，这是做好群众文化工作的关键。不断深化对文化地位和作用、文化发展方向、文化发展动力、文化发展思路、文化发展格局、文化发展目的的认识，是在全国文化体制改革工作会议上提出的重要内容。

从群众文化的角度来说：认识群众文化工作的地位和作用，是要深刻认识群众文化在公共文化服务体系建设中的地位和作用，把群众文化作为公共文化服务体系建设的重要组成部分并使其在其中发挥主导作用；认识群众文化发展的方向，是要坚持用社会主义先进文化作引领，用健康向上的文化艺术鼓舞人、感染人，促进群众文化真正为社会进步和人民幸福服务；认识群众文化发展的动力，是要坚持与时俱进和思想创新，不断解放和发展群众文化生产力；认识群众文化发展的思路，是要坚持群众文化的公益性特征，确保群众能够享受文化建设发展的成果；认识群众文化发展的格局，是要构建以政府为主导、以公益性群众文化事业单位为骨干、鼓励全社会积极参与的群众文化发展格局，形成比较完备的群众文化服务网络；认识群众文化发展的目的，是要坚持以人为本的原则，创造更多、更好的精神文化产品，满足人民群众日益增长的精神文化需求，促进人的全面发展，为社会主义建设提供精神动力和智力支持。

总而言之，要做好群众文化工作，需要更新观念，提高认识，使之符合公共文化服务体系建设的要求，适应群众文化工作机制的发展变化。

（三）推进群众文化工作的体制和机制创新

推进群众文化工作的体制和机制创新，逐步建立一种适应市场经济且符合群众文化事业发展规律的新型运行机制，这是做好群众文化工作的保障。

从群众文化工作的现状来看，群众文化体系至今仍在沿用长期以来形成的群众文化工作模式，尚未突破和改变旧有体制上存在的诸多弊端，难以适应构建公共文化服务体系的要求。

要构建完善的公共文化服务体系，要求群众文化工作在以下五个方面做出改变：

第一，改变过去那种按部门、按行政区划和行政层级配置文化资源的传统体制，改为按服务人口配置文化资源，打破条块分割、地区壁垒、城乡失衡的局面，建立起体现公益性、基本性、均等性、便利性原则的群众文化服务网络。

第二，改变过去那种群众文化事业机构“单打独斗”的局面，形成以政府为主导、以群众文化服务机构为骨干、以社会力量为补充的群众文化运行机制，形成以公益性文化服务为主，以多方面、多层次、多样性文化服务为辅的群众文化服务机制。

第三，改变过去那种服务面狭窄的管理思路，强化群众文化面向社会、面向群众的服务意识，以满足人民群众的基本文化需求为群众文化工作的基本目标。

第四，改变过去那种缺少规范、制度不严、有章不循的现象，坚持制度创新，建立和完善与群众文化服务相适应的规章制度，培育一支重责任、懂业务、守纪律的群众文化队伍。

第五，改变过去那种面对发展中的困难“等、靠、要”的工作态度，摒弃旧有的不符合群众需求的服务模式。

在公共文化服务体系的背景下，群众文化系统需要进一步探索群众文化服务的新思路、新做法，从整体上改变群众文化的工作状态。

二、群众文化社会化对群众文化工作的要求

市场经济条件下的群众文化与计划经济时期相比发生了很大的变化，其中的重要标志就是群众文化的社会化，主要表现在群众文化运行机制的社会化与群众文化服务供给方式的社会化。

（一）群众文化运行机制的社会化

群众文化运行机制的社会化使群众文化已经从群众文化事业单位内部的小循环转变为整个社会环境下的大循环，从而拓宽了群众文化工作的视野。

随着市场经济的发展和人民群众文化需求的提高，群众文化运行机制的社会化已经十分明显，主要表现为：社会文化机构进入群众文化服务领域，社会文化资源广泛用于群众文化服务，社会资金参与投入群众文化事业。在公共文化服务体系建设的背景下，群众文化运行机制社会化的特征将更加凸显。

如何利用社会文化资源开展群众文化服务，引导和鼓励社会资金投入群众文化事业和兴办群众文化服务机构，是群众文化工作的新课题。一方面，要认识群众文化运行机制社会化给群众文化带来的巨大效益，发挥其在改善群众文化服务质量，提高群众文化服务能力，满足群众多方面、多层次、多样化文化需求方面的作用；另一方面，要适应群众文化运行机制社会化给群众文化带来的变化，使之符合群众文化公益性的特征和自身发展的特点和规律，充分利用运行机制变化的优势，更好地发展群众文化事业。

（二）群众文化服务供给方式的社会化

群众文化服务供给方式的社会化是群众文化社会化的另一个重要标志，主要表现为：引进竞争机制，采取政府购买、项目补贴等方式从市场购买群众文化服务；政府鼓励兴办社会公共文化服务中介组织和群众文化团体、机构提供群众文化服务。群众文化服务供给方式的社会化，改变了以往群众文化产品和服务主要由群众文化事业机构独家提供的单一化形式，有效地引入了市场竞争机制，有助于群众文化产品供需不对路、群众文化服务质量不高等问题的解决。

政府购买方式是由政府文化部门或委托群众文化机构按照规定程序，以约定方式向符合资质要求的社会文化组织或文化企业定向、定量购买群众文化产品。项目补贴方式是由政府部门对社会文化组织或文化企业，采取资金补贴或奖励等方式来获取群众文化产品。此外，还可以采取银行贷款担保、贷款贴息、减免税收等方式获取群众文化产品。但无论是以何种方式从市场购得的群众文化产品，都应无偿提供给群众。

除了在群众文化产品生产的环节上采用向市场购买的方式，还可以在群众文化服务提供主体的选择上采用市场化的操作方式。即在主要承担群众文化服务的各级群众文化事业机构之外，积极鼓励社会力量兴办公共文化服务的中介组织、各类群众文化团体和机构，使之共同承担提供群众文化服务的任务。公共文化服务的中介组织是指顺应文化市场需要而建立的为供需双方提供信息、促成交易的文化服务机构。文化中介组织是公共文化服务体系的媒介，在合理配置公共文化资源、调整供需双方关系等方面具有重要作用。

群众文化服务供给方式的社会化，要求群众文化工作的相关政策、群众文化工作的对象、群众文化工作的方式都要与之相适应。

三、多方面、多层次、多样化的群众文化需求对群众文化工作的要求

多方面、多层次、多样化的群众文化需求，对群众文化工作提出的新要求主要体现在以下三个方面：

（一）以提高服务质量作为工作的重点

群众文化需求的变化，要求群众文化工作在继续解决群众文化服务供给不足的同时，把提高群众文化事业机构服务能力、拓宽服务领域、创新服务方式、改善服务条件、提高服务质量作为工作的重点。

随着社会进步和经济发展水平的逐步提高，人民群众在文化方面的需求也越来越高，相比改革开放之前，人们的文化需求已经有了显著的变化。特别是在建设公共文化服务体系的大背景下，人们日益增长的精神文化需求又有了新的提高。

第一，人民群众要求获得更加丰富的群众文化产品和服务。在经济发达地区，群众的文化需求已经达到了较高的水准，而现有的群众文化产品和服务很难满足群众已经增长的文化需求。在经济欠发达地区，群众文化产品和服务的

供给严重不足，有些地方连群众读书、看报等基本文化需求也难以保障。因此，群众文化事业机构应能够为群众提供足够数量、足够质量的群众文化产品和服务。

第二，人民群众要求群众文化服务拥有稳定的质量。群众文化事业机构所提供的有限的群众文化产品和服务在质量上得不到保障，无论产品形式和内容还是服务方式和范围，都与群众多方面、多层次、多样化的文化需求有差距。因此，群众文化工作必须顺应群众文化需求发生的变化，努力创作与人民群众生活相关的、群众喜闻乐见的群众文艺作品，提高群众文化产品和服务的供给质量。

第三，人民群众要求群众文化事业机构有更强的服务能力。群众文化事业机构在服务能力上的不足，也在很大程度上影响着群众文化服务水平的提高。因此，群众文化事业机构需要着力了解群众文化需求的变化，根据群众的需求进一步拓宽服务领域，扩充服务内容，创新服务方式，改善服务条件，以提高服务能力和服务水平。

（二）建立群众文化需求的反馈机制群

群众文化需求的变化，要求群众文化工作必须加强对群众文化需求的研究，建立群众文化需求的反馈机制，实行“按需定供”和“菜单式”的服务方式。

以往的群众文化工作在一定程度上疏于对群众文化需求的研究，要改变这种现状，就需要加强对群众文化需求的研究。近年来，许多省、市的群众文化部门和机构都针对本地区群众文化生活的需求状况进行了富有实际意义的调研，从文化设施、文化队伍、文化活动和服务方式等多方面掌握了群众文化需求的第一手资料，分析研究了社会经济发展水平，群众的年龄结构、文化程度、工资收入等诸因素对群众文化需求产生的影响，为提供有效的群众文化服务做了重要的基础工作，也为改善群众文化服务水平创造了条件。

此外，群众文化工作还要求搭建有利于供需双方信息沟通的媒介平台，即建立起稳定、长效的群众文化需求反馈机制，及时、快捷地掌握处于动态变化中的群众文化需求，并根据群众的需求实现“按需定供”“菜单式”“配送式”“超市式”等一系列创新型服务。

（三）提高群众文化工作信息的及时性和透明度

群众文化需求的变化，要求提高群众文化工作信息的及时性和透明度，让群众易于获得，方便群众选择自己喜欢的项目，满足群众的不同需求。

群众文化需求不仅体现在群众文化服务的内容上，也体现在群众文化服务的获取方式上。因此，适应群众文化需求的变化，还要求提供群众文化服务信息的形式、方法也能适应群众的需求。这种要求体现在以下三个方面：

第一，为群众提供足够丰富的群众文化服务信息。群众参与文化活动时需要获取的信息主要包括：引导标识，如群众文化场所的位置标识、活动厅室（活动区域）的分布标识等，以引导群众尽快达到目标位置；服务信息，如服务项目、活动时间、有关规章制度以及各类服务预告的信息，以方便群众适时地参加群众文化活动，了解相关的规定和程序；设备设施使用信息，如为群众所使用的专用设施设备标明使用方法和注意事项；专门提示，如火警电话、禁止类内容提示、无障碍标识等。

第二，提供群众文化服务信息的方式多种多样。包括：设置固定公告园地，如对于服务范围、服务内容、服务时间、服务公约、服务承诺等基本服务政策，可在醒目位置设置公告园地予以公示；设置公告栏，如对于变更性、临时性的服务信息，可在群众易于发现的位置设置专门公告栏予以公示，重要信息应提前一定时间进行公布；利用其他手段公布信息，如利用所设立的网站或在电视台发布消息等方式进行公告。

第三，保证群众获取群众文化信息的及时、透明和便捷。即在帮助群众获取群众文化信息时应做到途径畅通、速度快捷；获取的群众文化信息应内容公开、翔实准确；群众获取群众文化信息后便于选择、手续简便、易于掌握。

四、政府职能转变对群众文化工作的要求

（一）加强对群众文化的宏观管理

各级政府要认真履行群众文化工作的职责，转变职能、强化服务、改进管理、明确责任、提高效能，加强对群众文化的宏观管理。以往政府在履行群众文化工作职责时往往将管理者、举办者、资源拥有者等多重角色集于一身，导致在群众文化工作管理方面存在不少问题。在公共文化服务体系建设的大背景下，政府需要在这一方面做出重大改变，即在职能分工上做到政事分开、管办分离，在实施管理上做到强化服务、提高效能，更多地体现政府对群众文化工作的宏观管理。

从这个意义出发，政府的群众文化管理职责应主要体现在：强化政府的公共文化服务职能，不断适应公共文化服务体系建设的要求；强化服务大局、服务群众、服务基层的意识，提高群众文化的服务能力；加强对群众文化服务机构的管理，完善对群众文化工作质量的监督考核；改进群众文化的管理方式，提高群众文化管理科学化、制度化和规范化水平；加强群众文化队伍建设，提高群众文化工作的服务效能。

（二）加强群众文化的社会管理，支持各级各类文化单位开展群众文化服务

把政府群众文化工作职能由重点放在群众文化事业机构和直接主办群众文化活动，转到对群众文化的社会管理和支持各级各类文化单位开展群众文化服务上来。

以往政府在实施群众文化管理工作职能时，多是把侧重点放在对所属群众

文化事业机构的管理上，而疏于对社会各层面、各系统群众文化工作的管理。另外，在实施管理过程中部分取代所辖群众文化事业机构的基本职能，直接介入到各类群众文化活动之中，也更多地占用了群众文化服务的有限资金。这种状况的出现，在一定程度上削弱了政府的公共文化服务职能和对群众文化的管理职能，也影响了群众文化事业机构功能的正常发挥。因此，在公共文化服务体系建设的背景下，政府必须准确把握其所承担的群众文化工作职能，将工作的重点放在对所辖区域的社会化群众文化管理上来，放在集中精力支持和帮助各级文化单位开展群众文化服务上来。

（三）建立群众文化事业单位的人、财、物保障机制和绩效评估机制

理顺政府文化主管部门与群众文化事业单位的关系，明确其群众文化工作的主要内容，建立群众文化事业单位的人、财、物保障机制和绩效评估机制。

政府文化主管部门是在代表政府行使管理、指导和监督群众文化事业单位的职责，反过来，群众文化事业单位是在政府文化部门的主导下完成群众文化服务的具体任务的。理顺二者之间的关系，需要进一步明确政府文化主管部门对群众文化事业单位管理的具体事务。一般说来，其对群众文化事业单位的管理事务主要应包括设施设备、法规规划、经费保障、标准规范和监督指导五个方面，具体内容是：加大群众文化事业单位的设施建设，改善群众文化服务的设施设备条件；完善群众文化管理的政策法规，制定群众文化事业的发展规划；加大对群众文化事业单位的投入力度，健全群众文化人、财、物的保障机制；确定群众文化事业单位的功能定位，完善群众文化管理和服务的规范标准；加强对群众文化事业单位的监督检查，完善群众文化工作的绩效考核制度。

五、数字和网络技术的应用对群众文化工作的要求

在互联网时代，一切工作与生活都发生了巨大的变化，群众文化领域，也悄然发生着巨变。如何借助互联网的发展创新群众文化工作，成为每一个群众文化工作者需要不断探索的问题。

（一）促进数字和网络技术在群众文化服务领域的应用

促进数字和网络技术在群众文化服务领域的应用，是当前群众文化工作的一项重要任务。21 世纪的人类社会是一个数字化、网络化的社会。数字网络技术的发展不仅改变了人们的生活方式，也促进了服务方式的转变和更新。将数字和网络技术应用于群众文化的工作实际，对更新群众文化服务方式，提高群众文化服务能力具有重要的意义。在很大程度上，加快数字和网络技术在群众文化服务领域的应用，已经成为公共文化服务体系建设背景下群众文化工作亟待完成的任务。

处于信息时代背景之下的社会公众，其生活方式已经在各类现代信息技术的影响与冲击之下发生了同以往截然不同的变化，传统线下交流的方式为“线上交流与线下交际”的全新社交模式所替代。人们可以用微信建立属于自己的群进行在线互动，每个人生活的圈子或群既独立又交叉。这种“群模式”大大加快了信息传播的速度，打破了人们先前封闭式的生活空间，促进了人与人之间的沟通和互动。

作为新媒体技术而言，其具备了传统媒体所不具备的便利性。有鉴于此，广大群众文化工作者要善于依托新媒体技术这一特质，将之应用于日常群众文化工作之中，以此提升群众文化工作的效度与效率。

（二）加强数字群众文化的惠民服务

以现代信息技术为支撑，以群众文化资源建设为重点，实施“公共电子阅

览室建设计划”，加强数字群众文化的惠民服务，提高群众文化事业机构的服务能力。现代信息技术是一个内容十分广泛的技术群，并已经广泛地渗透到人们的生活、学习和工作之中。利用现代信息技术对改进群众文化工作方式、提高群众文化服务能力可发挥重要作用。作为专门从事群众文化服务的事业机构，充分利用所拥有的群众文化艺术资源，将其制成数字化的图像、文字、影像、声音等各类群众文化产品，既可扩充“公共电子阅览室”的阅读范围，满足群众查询、鉴赏、应用的需求，也有助于艺术档案建设水平的提高。

（三）构建数字群众文化服务网

以文化共享工程的服务网络为基础，构建一个内容丰富、技术先进、覆盖面广、传播快捷的数字群众文化服务网，实现双向互动。文化共享工程又称“全国文化信息资源共享工程”“共享工程”“文化信息共享工程”或“全国文化共享工程”，是采用现代信息技术，对各门类的文化信息资源进行数字化处理和加工整合，并通过覆盖全国的文化信息资源网络进行传输，以实现优秀文化信息资源在全国范围内共建共享的一项文化发展工程。文化共享工程是国家确定的五项文化建设重点工程之一，它以基层站、点为纽带，以数字资源为核心，以多种传播方式为手段，以共建共享为途径，既能满足群众查询数字文化信息的需求，又能对这些信息进行广泛传播。至 2010 年，文化共享工程已经基本形成了资源丰富、技术先进、服务便捷、覆盖城乡的数字文化服务体系。

以文化共享工程为基础构建数字群众文化服务网络，既有现实基础，又具发展前景，有助于群众文化服务手段的升级和群众文化服务设备的改善，也有助于丰富基层群众的文化娱乐生活，传播优秀文化艺术作品。在数字网络技术不断进步的背景下，应注意发展和传播健康向上的网络群众文化，使之成为传播社会主义先进文化的新途径、群众文化服务的新平台、精神文化生活的新空间。

第五章　群众文化建设的相关机构

第一节　文化馆

在以满足人民群众精神文化需求为核心目标的群众文化建设工作中，基层文化馆不仅能够为各种群众文化活动的有效开展提供场所，帮助群众有效参与到文化活动中来，同时还能够凭借着自身面向基层、贴近群众的优势，将群众有效组织起来，为群众文化建设的统筹规划与具体执行提供正确指导，具有极为关键的主导作用。而要想使群众文化建设得以有效推进，自然也就需要对文化馆参与群众文化建设的具体策略展开探索、研究，以确保其主导作用能够得到充分发挥。

一、文化馆在群众文化建设中的主导作用分析

（一）提供优质文化服务

开展群众文化建设，主要是为了满足人民群众的各方面精神文化需求，使其能够在参与文化活动的过程中得到精神上的满足，并实现思想道德素养、科学文化素质的逐步提升。但由于当前群众精神文化需求逐渐趋于多样化，不同群体间的精神文化需求往往存在着很大差异，而群众在场地限制、时间限制、文化资源限制等多方面因素的综合影响下，又缺少参加文化活动的机会，因此其精神文化需求往往很难得到满足。而基层文化馆参与群众文化建设，则能够

充分发挥自身在文化资源、场地方面的优势，组织开展展览、讲座、培训、文艺汇演等多种类型群众文化活动，使群众能够根据自身兴趣爱好，参与到某种类型的文化活动中，享受优质的文化服务，最终实现满足群众精神文化需求的群众文化建设目标。

（二）引导群众文化活动

从目前来看，虽然群众文化活动具有很强的自发性特点，即便政府部门不进行干预、引导，群众也同样会自然组织起来开展各种各样的文化活动，但由于群众的文化素养、思想道德素养通常都比较有限，因此在开展文化活动的过程中，往往很容易因专业性不足而遇到各种困难，或是出现活动主题内容不当的问题，使群众文化走上错误的发展方向，对群众文化建设的推进非常不利。而文化馆参与群众文化建设，则能够充分发挥出自身的专业性优势，在组织开展各类群众文化活动的同时，正确梳理、安排群众文化活动的主题内容，并通过参与活动策划、培训群众文艺骨干、指导业余文艺团队建设与群众文艺创作等方式，对群众文化活动进行有效引导，从而有效弥补群众自发开展文化活动在专业素养、主题方向把控等方面的不足，使群众文化建设得以更好地推进下去。

（三）监督群众文化发展

群众文化建设的实际成果，往往与群众文化活动组织情况直接相关。如果群众能够组织起健康、积极、正向且具有较高质量的文化活动，那么在参与文化活动的过程中，其精神文化需求就能够得到极大的满足，文化素养、审美能力、思想道德素养、创新能力等也都可以有效发展起来，对群众文化建设有着很大的促进作用。相反，如果群众组织的文化活动缺乏规范，存在着内容低俗消极、形式陈旧落后、质量较差等问题，那么其在参与活动的过程中，不仅无法满足自身精神文化需求，同时还可能受到错误引导，形成错误的思想道德观念、价值认知，给群众文化建设带来很多阻碍。因此，文化馆作为组织、指导群众开展文化活动的公共文化机构，其在群众文化建设中往往能够通过对文化活动的严格审核，有效监督群众文化的发展情况，避免群众参与到质量较差或内容消极、低俗的文化活动中来，并对积极、健康且群众喜闻乐见的文化活动进行有效推广。在群众文化活动质量、内容得到保证的情况下，群众文化建设的效果自然也会随之显著提升。

二、群众文化建设中发挥文化馆主导作用的有效策略

（一）加大社会宣传力度

文化馆作为我国基层主流文化发展的重要阵地，虽然早在 20 世纪中期就已经发展起来，并受到了人民群众的广泛认可与喜爱，但随着人们休闲娱乐方式逐渐趋于多样，近些年其受众群体已经大大减少，通常仅局限在中老年群体中，即便能够面向群众提供优质文化服务，也同样很容易受到受众群体单一、影响力不足等问题的影响，并不能够为群众文化建设提供太大帮助。

因此，在现阶段的群众文化建设中，文化馆要想充分发挥出自身的主导作用，首先就必须深刻认识到自身社会知名度不足及影响不足的现实问题，并面向全社会展开大力宣传，使人们能够深入了解文化馆的功能、作用，积极参与文化馆组织的文化活动，进而为文化馆的功能、作用的发挥创造良好基础条件。在具体措施上，文化馆一方面可以顺应时代发展趋势，依托抖音、快手、微博、微信公众号等受众较广的新媒体平台展开宣传，发布与文化馆功能、公共文化服务、群众文化活动相关的视频或图文，同时组织文化知识有奖竞猜、文化产品抽奖赠送等线上活动，以加深不同类型群众对文化馆的了解，并逐渐激发其参与群众文化活动的热情。而在另一方面，则可以选择与社会企业、事业单位、社区等开展合作，共同组织面向不同群体的高质量群众文化活动，这样既可以

满足群众的精神文化需求，推动群众文化不断发展，同时也能够充分展现出群众文化活动的魅力，使群众能够形成对文化馆、群众文化活动的良好印象，这对文化馆影响力的提升同样有着很大帮助。

（二）创新文化服务形式

在互联网时代，人们的休闲娱乐方式得到了极大丰富，整体文化素养也得到了一定的提升，对于群众文化活动往往会提出较高的要求，尤其是在接触新事物较多的年轻群体中，这类情况更是显得十分普遍，如果文化馆仍按照传统模式来提供文化服务，那么群众的精神文化需求就很难得到满足。因此，为有效推进群众文化建设，充分发挥自身主导作用，文化馆同样还需从不同群体的兴趣爱好、精神文化需求出发，对自身的文化服务形式展开全面创新，以有效扩大受众群体，尽可能赢得更多群众的认可与喜爱。

例如对空闲时间较多、休闲娱乐方式较少且容易出现缺乏陪伴等问题的老年群体，可以在组织摄影、书法、剪纸、戏曲、舞蹈等各种类型专业培训活动的同时，组建多个业余文艺团队，并开展节日文艺汇演、书法大赛、剪纸作品展览等大型活动，使老年人能够在学习文化艺术知识、技能的同时，获得更多展现风采的机会，最终达到充实生活、满足精神文化需求的目的。而面对兴趣爱好广泛但业余空闲时间相对较少的年轻人群体，则可以选择依托网络，组织开展三行诗征集、青年歌曲大赛等多样化的线上活动（或线上线下相结合），或是依托官方网站、移动终端 App，提供展览活动直播、线上文化培训、电子书资源共享等形式的线上服务，使年轻人能够拥有更多符合自身兴趣爱好的文化活动的参与机会，并利用零散化的空闲时间来参与文化活动。

（三）完善文化基础设施

对基层文化馆来说，无论是面向群众提供优质文化服务，还是组织各种群众文化活动，都需要以相应的文化基础设施作为支撑，而要想将自身在群众文化建设中的主导作用充分发挥出来，对于各类文化基础设施的建设与完善，自然也是十分必要的。例如，为提升群众文化活动形式的多样性，帮助群众组织开展更加丰富多样的文化活动，文化馆应以现有场地为基础，建立小剧场、练歌房、舞蹈室、微机室、多媒体活动室、露天长廊等基础设施，同时积极引入音响设备、计算机、多媒体设备、专业展柜、舞蹈服装、乐器等相关设备器具，使群众能够更好地进行歌舞训练、戏曲学习、乐器学习、文艺演出等文化活动。而从文化服务的角度来看，则需要进行 VR（virtual reality，虚拟现实技术）展厅、数字图书馆、网络学习平台、观影厅等软硬件基础设施的建设，为群众提供免费观看电影、线上参观博物馆、电子书籍文献阅览与下载、线上文化课程学习等文化服务。

（四）加强文化队伍建设

对基层文化馆来说，无论是公共文化服务的提供，还是群众文化活动的组织，都需要有专业的基层文化工作人员负责执行，如果基层文化工作人员的文化素养、工作能力有所不足，那么文化服务质量与文化活动效果也必然受到直接影响。因此，在群众文化建设过程中，文化馆还需全面加强基层文化队伍的建设，为自身主导作用的发挥提供基础支撑。例如，在人才引进方面，文化馆应争取增加人员编制、提升工作人员福利待遇，以吸引高素质的文化人才加入基层文化队伍，同时还可以从自主培养的群众文化骨干中选取合适人才，以合同聘用的方式将其吸收到基层文化队伍中。而在对基层文化工作人员的管理上，则需要依托工作考核制度建立起完善的工作激励机制，对群众满意度较高、成功组织群众文化活动的工作人员进行多种形式奖励，以有效激发其工作积极性。

（五）重视先进技术应用

科学技术的发展不仅直接改变了人们生活，同时也使人们的公共文化服务需求不断提升。当前文化馆要想有效参与群众文化建设、发挥自身主体作用，同样还需充分考虑到未来群众公共文化服务需求的变化，并从提高文化服务质量、创新文化服务模式的角度出发，对移动互联网、云计算、大数据、人工智能等技术进行灵活应用。例如，为扩大服务覆盖面，突破文化服务、文化活动在时间与空间上的限制，文化馆可选择利用移动互联网技术、虚拟现实技术等先进技术手段，建立数字文化馆，从议程设置、话题策划、亮点包装、专业制作等多环节入手，对现有的文化产品与文化服务进行转化再造，以形成线上、线下互动结合的智慧化文化服务模式，使群众能够在足不出户的情况下，享受到各种优质的线上文化服务。而为了提升群众对文化服务、文化活动的满意度，则可以利用大数据技术对群众文化活动参与情况、文化素养情况等各方面的数据进行全面整合与分析，将群众文化需求、兴趣爱好明确下来，之后再依托移动终端、手机短信等渠道，展开具有针对性的文化服务、文化活动推荐，或是进行现有文化服务优化改进、文化服务创新开发等工作。

（六）加快实现职能拓展

在群众精神文化需求不断提升且区域多样化的整体趋势下，基层文化馆所承担的公共文化服务责任变得越来越重，单纯依靠原有的文化服务职能，已经很难再保持其在群众文化建设中的主导地位。只有从群众精神文化需求出发，对自身职能进行不断拓展，才能够使自身在群众文化建设中的主导地位得以继续保持下去。

例如，在社会力量参与公共文化服务的情况下，应充分考虑有关社会组织存在的资质参差不齐、参与渠道单一、供需对接补偿等问题，并积极拓展自身在社会组织资质监管、引导扶持领域的职能，为具有参与公共文化服务意愿的社会力量提供场地设施、业务培训、交流空间、实践项目和推广平台等多方面的支持，同时严格按照现代公共文化服务的标准和要求对其进行审核，确定社会组织在达到相关合格标准后，再将其纳入合格社会文化服务主体推荐目录中，供群众进行选择。而在群众精神文化需求持续变化的情况下，则可以对自身在公共文化建设运营创新方面的职能加以拓展，尝试将村民文化活动室、图书馆、创意文化空间等多种类型的公共文化空间整合起来，不断探索新的公共文化建设运营模式，为其他公共文化服务机构的未来发展提供参考，使其能够在群众文化建设中发挥出更大作用。

总而言之，基层文化馆虽然能够在文化服务、文化活动引导等方面为群众文化建设提供重要支持，但要想将这些群众文化建设主导作用充分发挥出来，仍然需要在文化服务形式创新、文化基础设施建设、先进技术应用等方面采取有效的工作策略。

第二节　美术馆

一、美术馆的重要性

美术馆是群众文化生活的重要组成部分，也是社会文化传播、传承与建设的载体。由于艺术的可传递性，使得美术馆具有公共性，而美术馆同样属于公共文化服务体系，是旨在为群众提供公共文化产品与服务的公益性单位。因此，美术馆的功能有如下几个方面。

第一，美术馆代表着国家或者城市的形象，并体现着地区文化厚度。美术馆不仅仅是美术作品的展览陈列区域，而且具有并发挥重要的社会公共教育作用。随着时代的变化，我国社会主要矛盾已经转化为人民日益增长的美好生活需要和不平衡不充分的发展之间的矛盾，因此，美术馆作为提供公共文化资源的重要平台，要整合文化资源，在文化输出的同时增强人民认同感、自豪感，从而增强文化自信。

第二，美术馆是促进社会和谐发展的重要力量。这一功能在地方美术馆尤为突出。地方美术馆是当地城市的重要身份名片，通过展示区域性、差异性打造自身特色，不仅能够维持自身发展，还能够培育地方荣誉感。美术馆通过展览、教育、体验等方式为群众提供一系列具有价值的文化活动，同时群众在此过程中也学习了知识、技能等，一方面能够提升人民生活质量，另一方面能够改善地方文化环境。

第三，美术馆是经济发展的重要动力。随着人们生活水平的不断提高，公众审美意识逐渐增强，美术馆通过培育公众审美的活动，从而在经济发展宏观层面产生重要作用；从微观层面来说，美术馆对于经济发展的重要影响体现在旅游业，在文旅融合的背景下，美术馆作为重要的旅游资源，成为“网红打卡地”，直接推动旅游业的发展。美术馆作为艺术品与群众之间的桥梁，除了重要的美育责任，其自身所具有的文化底蕴、优秀的展陈作品、配套完善的教育设备，以及提供的咨询服务等，使其成为群众文化建设的重要组成部分。

二、美术馆群众文化活动内容及特点

群众文化活动是人民群众参与文化、享受文化的重要方式。美术馆作为群众文化建设的重要平台，在艺术方面提供了丰富的群众文化活动。

（一）组织策划各类展览并提供线上观展服务

美术馆作为公共机构，旨在服务大众。展览是为大众所熟知的一种活动方式，同时艺术品的展览就是联系大众与美术馆的重要媒介。展览并不是艺术品的“仓库”，不是作品无意义的组合，而是通过适当的展陈方式，配合讲解员引导或者文字主题引导，使大众不仅在视觉欣赏上，也在知识传输上得到深刻的启发，从而体验艺术。展览整体质量还离不开展览环境的设计，需要灯光、展示柜、展墙、幕布、装饰品等配合展览作品，营造展厅的独特氛围，以此达到更好的视觉效果，同时需要运用互动、交流式的设计理念，激发大众好奇心与参与感。

随着网络技术高速发展，人们认识事物的方式正在发生改变，美术馆为了迎合大众的信息接收方式及休闲娱乐方式，也陆续推出“线上观展”“抖音互动”等体验方式，使群众能够在线观展、互动、留言交流。这种“线上＋线下”的服务，已然成为新媒体时代群众文化活动的重要特征。

（二）举办种类丰富的公共教育活动

当今国际社会，公共艺术教育越完善的国家，社会文明程度越高。公共艺术教育不仅能够激活人性价值的内聚力量，而且对社会的文化创造力也具有不可低估的作用。美术馆可以通过多种形式组织公共教育活动，将教育理念与美术馆各类日常工作相结合，全方位为观众提供公共教育资源，包括学术讲座、专家论坛、志愿者组织、导览活动、儿童艺术工作坊、艺术节、音乐会等一系列活动，吸引不同群体参与到活动中来，调动观众的主动性，力求达到公共教育“润物细无声”的效果。

群众文化建设离不开传统文化的传承与渗透，这不仅能够丰富群众文化活动的内容，还能够提高群众文化建设的水平。比如，新疆美术馆以二十四节气为主题，开展“艺时一节”系列主题公共教育活动，让观众聆听讲座，在老师的引导下动手做传统手工物件，活动结束后还能将自己的手工作品带回家。这样不仅使观众主动参与到公共教育活动中，还能学习中华优秀传统文化知识。美术馆帮助观众将艺术理念带出展馆，植入到群众生活中去，使得美术馆在真正意义上成为艺术乐园。

（三）举办非物质文化遗产展览活动

非物质文化遗产展览是文化遗产保护的另一种形态，举办非物质文化遗产展览更是一种文化传承与保护，它与其他类型展览在内容、形式上都不同。非物质文化遗产展览首先强调“场景再现”，根据不同主题，选择不同的场景进行展览；其次强调人的主体性和体验性，因为非物质文化的传承主体是人，通过非物质文化遗产展览来推动人去传承发展是其目的，所以人的体验、互动、参与显得极为重要。要使非物质文化遗产展览始终保持生机活力，就必须使它活跃在群众生活中，依靠群众推动非物质文化的传承与发展。

三、美术馆在群众文化建设中的功能

群众文化建设中的一项重要内容就是美术馆美术活动，弘扬优秀传统文化、传承文化核心内容、培育大众审美素养是其主要目的。由此看来，在群众文化建设中美术馆起着重要的作用，主要表现在以下几个方面。

第一，美术馆作为公共文化服务平台，为群众文化活动提供必要的场地与服务。美术馆是具有公共性，并肩负着公共教育意义的场域，是群众可以参与，并与艺术作品直接沟通的重要场所与桥梁。同时，美术馆展览不仅是艺术作品与空间的简单搭配，还要兼顾展览的灯光、展厅湿度、展墙色彩搭配等细节元素，美术馆的公共教育活动也要经过一系列策划组织后进行实践，这些都对群众活动起到一定的奠基作用。

第二，美术馆是增强国家文化软实力的重要力量。美术馆的建立可以让人们更加容易接触到优秀的艺术作品，参与到丰富多彩的公共教育活动中，其美术作品与美术活动所传递的是当前社会所提倡的价值取向和艺术标准，是国家的主流价值方向，其蕴含的文化精髓，在这种公开的、直接的引导作用下，促进群众视野更加开阔，文化素养和审美能力进一步得到提升。同时，美术馆组织展览，策划活动也能够推动社会文艺创作的发展，发挥文艺创作的导向作用。美术馆集合各类艺术作品，为其提供展示的空间，除了举办主题展览，还会向社会征集作品进行展览，引导并鼓励社会大众参与其中，通过这种方式引领社会艺术创作的方向，激发人们的创新精神，从而不断增强国家文化软实力。

第三，满足群众日益增长的文化需求，提高群众文化素养。随着生活水平的提高，人们从追求物质丰富逐渐转向追求精神富足，不断增加的群众文化需求在一定程度上推动文化建设的发展。美术馆要不断完善自身公共文化服务体制，充分发挥资源集聚的特色优势，凝聚多方合力，加强创新，致力于讲好美术作品中的故事，引领社会主流价值观念，聚力将自身打造成为人民向往的“精神家园”，为群众文化建设贡献自己的一份力量。同时，学习是一个双向交流的过程，群众是传播者也是接收者，在美术馆的群众活动中，人们的审美得到提升，视野更加开阔，并陶冶情操，因此文化素养将会得到显著提升。美术馆承担着社会美育功能，开展群众文化活动能够充分满足群众文化需求，进一步提升国家经济发展水平，促进群众文化建设。

四、美术馆在群众文化建设中的发展策略

（一）加大宣传教育力度，激发群众主动性

人民群众是文化建设的主体，文化建设如果脱离群众，就会成为无源之水。文化建设只有在群众的主动参与中才能够顺利开展和实施，因此美术馆要从人民群众利益出发，不断加大宣传教育力度，丰富活动内容，制订科学文化活动方案，让群众在活动中有更多选择，从而激发群众兴趣。基于此，美术馆在活动前要制订科学合理的活动方案，通过多种手段进行宣传，引发群众热点关注。比如通过官方微信公众号、官方抖音账号等社交平台进行宣传，线上先对文化活动进行简短的趣味性普及与讲解，再将视角转移至线下现场活动，通过美术活动对群众进行教育，让群众自己动手学习技能，使群众在活动结束之后将知识带出美术馆。这样的教育活动不仅能展现美术馆的教育资源，也能够激发群众主动学习能力，从而能够促进群众文化建设。

（二）培育高素质、专业性强的人才队伍

推动社会主义文化大繁荣，队伍是基础，人才是关键。丰富群众文化生活，做好群众文化建设，发展文化事业，终究要靠人才队伍。对美术馆而言，要想充分发挥美术馆大众美育功能，必须拥有一支高素质、专业性强的人才队伍作为保障，在公共教育方面多谋划，策划出群众喜闻乐见的美术活动。在美术馆管理人员方面，必须具有较高的组织策划与统筹能力，拥有大局意识，能够带领美术馆工作人员做好全面统筹工作。在专业性人才方面，一方面尊重文化人才的个性特点，多鼓励青年人才开发新思路与新手段，并对青年人才进行专业化培训，加强后备人才队伍的建设；另一方面美术馆可以与专业院校、其他省市美术馆建立联系，积极打造对话交流平台，互相学习，开阔创作视野，培育一支高素质、专业性强的人才队伍。

（三）联合基层文化建设

在当前乡村振兴战略的背景下，基层群众文化建设十分重要。美术馆联合基层共同组织群众文化活动，不仅能够丰富基层群众文化活动，实现文化下乡，还能够将基层文化活动成果带回美术馆进行宣传。比如美术馆工作人员下基层组织辅导当地农民在业余时间进行绘画创作，完成之后美术馆可以策划开展“农民画”主题展览。除此之外，为丰富基层群众文化活动，美术馆可以将优秀的美术作品捐赠给基层，打造文化氛围，为基层提供群众文化活动空间。这样不仅能够有效鼓舞群众参与文化活动，推动乡村振兴，也能够促进美术馆自身的发展，进一步提升其社会影响力。

（四）完善群众的需求反馈机制

在美术馆与群众之间建立一个双向交流、互动的信息反馈平台，用来传播并获取群众对于群众文化活动的需求是必不可少的。美术馆作为公共服务机构，秉着服务公众的理念，为了实现与群众之间的有效对接，必须完善群众反

馈机制。当前美术馆都设有官方微信公众号、官方网站或其他新媒体账号，能够接收到群众的意见、建议，但是还需要调动群众表达的积极性，发挥群众创意创新。同时，美术馆可以借助调研、座谈会、网络调查等方式了解群众文化需求，及时收集有效信息进行分析，还可以从群众反映的问题中了解群众的需求，从而不断对群众文化活动进行创新，努力满足群众的文化期待，形成大众喜闻乐见的群众文化活动品牌。

在群众文化建设过程中，美术馆发挥着越来越重要的作用，其所拥有的文化资源、人才资源都促使广大人民群众的文化素养、审美能力得到进一步提升。

第三节　科技馆

随着国家对科学技术的日益重视，科技走进大众生活已成为一种趋势，所以科技馆已经成为大众生活中的一个重要组成部分，它具有促进科技进步、提高国民素质的重要作用。加快科技馆的建设，充分发挥科技馆科教兴国的重要作用，是目前我国实施科学文化普及、保持群众文化丰富性、促进群众文化发展、推动社会主义文化繁荣发展的重要手段。

一、科技馆的重要性

（一）科技馆是科技成果展示的资料宝库

科技馆的出现源于人类对自然和科学规律所拥有的探索欲望，这也是人类社会发展的根本动力之一。科技馆不仅可以通过各种标本、模型、互动体验设施、多媒体互动和演示设施来传播现代科技知识，而且十分强调个体的参与性和体验性，因此在倡导科学方法和弘扬科学精神上具有非常独特的优势。科技馆通过大量与其科普教育特征相适应的科普展品，发挥普及科学知识、传播科学思想的作用，并借助展览和互动设施，培养人民群众对科学技术的爱好与兴趣，使人们在与展品的互动过程中感受到科学精神，获得启发。

（二）科技馆是科技知识的体验教育基地

科技馆中蕴藏着丰富的展品资源和教育资源，有着传统学校和科研机构等不能比拟的优势。其通过组织科普展览以及相关的文化活动，向公众传播、宣讲科学和技术的发展历程，展示科学原理与现代技术的应用，以及科技最新成果和前沿资讯，向人民群众普及科学技术知识，引导人民群众参与到科学技术的展示中来，激发广大人民群众对于科学技术的兴趣，满足人民群众亲身体验和主动学习科学技术的需求，增强人民群众的探索和创新能力，达到科学教育、普及、传播和应用的作用，提高整个民族的素质教育、创新教育水平，促进公众科学素质的全面发展，推进群众文化建设迈上新台阶。

（三）科技馆是科技发展前进的风向标

科技馆对社会经济的影响是一个间接作用的过程，它是通过提高国民科学素质，为社会经济发展提供人才和高素质的劳动者来实现其价值的。科技馆除了展示科学技术的发展历程之外，还注重当前乃至未来的科技走向，给社会不同行业、不同背景的公众提供了解前沿、尖端科学技术的机会，为国家科技发展和全民创新奠定了基础。

随着科学技术的不断发展和进步，科技馆的功能定位已经发生了改变，开始逐渐倾向于反映当代高新技术、前沿科学和时事科技的展示，尤其是“科学中心”的概念越来越被大众接受，成为科技发展前进的风向标。

二、科技馆在群众文化建设中的意义

科技馆是以提高大众科学文化素质为目的，组织实施科普展览及相关社会化活动的科普宣传教育机构。它是我国科普事业的重要组成部分。科普事业不只是部分高级科技人才的事业，而应该是人民大众共同的事业、责任。科技馆通过组织实施科普展览及相关社会化活动，向大众讲述科学和技术的发展历程，展示科学原理、现代技术应用以及科学技术最高成就和未来展望，激发大众对科学技术的兴趣，满足公众亲身体验和主动学习科学技术的需求，增强公众的探索和创新能力，促进大众科学技术素质的全面提高，从而为国家输送更多科技人才。

三、科技馆与群众文化建设的关系

科技馆作为社会文明的重要窗口，联系着社会文化环境、人口素质、人类社会发展状况。科技馆的出现，有助于加强公共文化服务体系建设，鼓励全社会积极参与，建成覆盖全社会的公益性公共文化服务体系，使人民群众切实享受到文化建设的成果。

科技馆的“参与过程自主性”体现了以群众为主体的参与原则，充分发挥了人民群众的自主性。科技馆展品的趣味性、可参与性，从过程到目的体现的寓教于乐理念也和群众的“自我参与、自我开发”心理完全吻合。也就是说，群众对科技馆的参观过程充分体现了其自我参与性。群众在参观过程中获得愉悦的体验，变得对科技充满兴趣，进而发展成自我开发，激发主动性和求知欲。

四、科技馆满足群众文化需求的措施

科技馆不能仅局限于传播科学技术，而应拓宽自身服务范围，进行综合服务。科技馆要针对不同参观者的年龄、职业、背景等进行分类服务，比如对于青少年参观者，可以重点培养他们对于基础科学知识的认识与了解，同时通过实际操作等增进他们对于科学的好奇心，培养他们的创新意识。科技馆要在保障展品安全性的同时，提升展品的可操作性，将展品设计得更加人性化，使展品成为大众喜闻乐见的文化产品。科技馆要由内而外地增加自身服务范围与方式，开展多项特约服务、专题讲座等，供更多人群交流参观。

第六章　群众文化队伍的建设与管理

第一节　群众文化队伍的组织与建设目标

人才是先进的文化与生产力的有力创造者与传承者。人才是我国文化事业健康发展的重要内驱力，群众文化队伍也是国家人才的重要组成部分。加强普通群众文化建设工作，可以更快地推动文化事业的发展。因此，文化机构皆需积极参与群众文化队伍的建设工作。

一、群众文化队伍的组织

（一）各级政府文化部门

根据我国的相关法律、法规和文化政策，本地域群众文化事业机构由各级政府文化部门负责管理。我国现行行政机构的组织方式是在各级人民政府内设立相关的文化管理职能部门，在同级政府的领导下，负责组织和管理文化方面的行政事务，并实施对群众文化队伍的管理。《文化馆管理办法》第四条规定：各级文化行政部门是同级文化馆的主管部门。国务院文化行政部门依据国务院规定的职责负责宏观管理全国文化馆事业。县级以上地方人民政府文化行政部门负责管理本行政区域内的文化馆事业。

（二）各级群众文化事业机构

各级政府设立的群众文化事业机构，即各级群众艺术馆、文化馆、综合文化站，负责承担对本地域内基层群众文化组织和团队的组织、管理、协调、指导的任务。在同级政府文化部门的领导下，由本级群众艺术馆、文化馆、综合文化站负责组织群众文化的专业人员，根据相应的专业类别和职能，对地域内的群众文化基层组织和群众文艺团队进行组织、管理和日常辅导。同时可建立由馆、站直接管辖的群众文化组织和团队，并定期开展群众文化活动。

（三）上级群众文化事业机构

上级群众文化事业机构与下级群众文化事业机构是业务指导关系，承担对下级群众文化事业机构的业务指导。履行指导职责的方式主要有业务辅导、培训、调查研究等。下级群众文化事业机构需要配合并落实上级群众文化事业机构组织开展的业务活动，完成信息报送、活动组织、作品推荐等具体工作。

（四）人民团体、社会组织设立的群众文化机构

除了政府文化部门群众文化队伍的组织体系以外，工会、共青团、少先队、妇联、残疾人联合会（以下简称“残联”）、老干部管理部门等群众团体及社会组织也设有相应的群众文化机构。这些群众文化机构则承担对本系统群众文化组织和团队的组织、管理、协调、指导和辅导的任务。在群众文化队伍的管理实践中，各级政府设立的群众文化事业机构面向整个辖区所有群众开展群众文化服务，而群众团体、社会组织所设立的群众文化事业机构则只负责对本系统的群众文化组织和团队提供服务。两类群众文化事业机构既有联系，又有区别。妥善处理好两者之间的关系，可以有效地促进群众文化事业的繁荣和发展。

（五）各级政府文化部门及相关单位

随着人民群众文化娱乐需求的不断提高，在公园、街头等公共活动场所出现了许多自发组建的群众文化团队。这些文化团队已经成为群众参加文艺活动的重要载体，在群众文化活动中发挥着重要的作用。各级政府文化部门，活动场地所在的公园管理机构、街道办事处，应将这些活跃在公园、街头的群众文化团队纳入自己的管理范围，并进行有效的指导。

二、群众文化队伍的建设目标

（一）为群众文化发展提供坚实的人才保障

人才资源是第一资源。群众文化队伍需要一批有知识、有文化、专业水平高、责任心强、热爱群众文化事业的人才。要使群众文化所需的人才能够源源不断地充实到群众文化队伍中来，就需要进一步完善群众文化人才的管理体制。目前，我国群众文化队伍的人员结构虽然较以往有了很大的改善，一批专业院校毕业的大学生、研究生不断地补充到群众文化的队伍中来，但现行人事管理制度仍有许多不够完善的地方，制约了群众文化队伍的发展和进步，使许多群众文化队伍所需的人才“进不来”，而一些不适宜群众文化队伍需求的人员也很难更新和分流，甚至有些地方的群众文化工作岗位仍然被一些“关系户”所占据。目前，国家正在推进的“事业单位分类改革”的工作，将有助于解决群众文化队伍建设方面的问题，有利于营造优秀人才脱颖而出的体制机制和社会环境。

（二）建立健全政策措施和制度保障

建立和完善群众文化队伍培养的政策措施和制度保障主要体现在以下几个方面。

1.规划引导

即强化对建设高素质人才队伍的职责意识。政府文化部门应成立群众文化人才建设领导小组，制定群众文化人才工作实施规划，将群众文化人才工作纳入基层领导班子目标考核责任制。同时，对群众文化事业要准确定位，在政策法规上规范群众文化人才的发现、培养和使用。

2.培养选拔

将群众文化人才按照专业、能力等方面进行分类，开展有针对性的培养；创新培养方式，采取形式多样的培训方法；通过推行公开选拔、竞争上岗等制度，大胆发现并积极培养群众文化人才。

3.合理使用

坚持以人为本，不断地创新和改革用人机制。实行职业资格管理制度，实行全员聘用制和岗位管理制。杜绝“官本位”思想，不能把“尊重人才”简单地理解为“让人才当官”、去从事领导或管理工作，而应根据群众文化人才的特点，最大限度地用其所长，保证人尽其才。同时，应注意不断提高群众文化人才的政治、经济和社会地位。

4.科学评价

建立社会公认的群众文化人才评价制度和以行业公认的业绩为衡量标准的人才考评机制。对群众文化人才的评价，应按照不唯学历、不唯职称、不唯资历、不唯身份的要求，建立人才综合测评体系，将人才的贡献、业绩、能力作为对人才的主要评价指标。

5.创新管理

建立起与社会主义市场经济相适应、与促进文化事业大发展大繁荣相适应的人才发展机制和人事管理体制，建立群众文化人才的考评机制、用人机制和激励机制，建立群众文化专业技术人员职业资格证书制度。群众文化专业技术人员职业资格证书是群众文化人才进入群众文化岗位前应取得的证书。

（三）加强对从业人员的规范化管理

群众文化从业人员是指在群众文化事业机构中工作并取得工资或其他形式劳动报酬的人员，即各级群众文化事业单位的工作人员。群众文化从业人员大体可分为三类：一是群众文化事业机构的管理人员，即各级群众艺术馆、文化馆（站）的馆（站）长及其他管理人员（职员）；二是群众文化事业机构的专业技术人员，即从事群众文化艺术活动及辅导的群众文化业务人员；三是群众文化的工勤技能人员。对这三种人员应当区分情况，采取不同的方式进行管理。这是从业人员规范化管理的重要方面。

对群众文化从业人员的管理，应在建立健全群众文化人才引进、培养、选用工作机制的基础上，针对不同专业和门类的特点，加强分级分类指导，实行动态管理，并不断加大管理力度，注重在实践中发现和培养人才。同时应建立严格的人才绩效考评制度，将群众文化从业人员的工作情况纳入年度绩效目标考核之中。要强化对群众文化从业人员的培训，把培训的重点放在提高思想政治和业务素质以及新形势下提高做好群众文化工作的能力等方面。

（四）吸引各类优秀人才进入群众文化领域发展

群众文化工作的重点在基层。要解决基层群众文化人才资源不足的问题，采用鼓励高校毕业生以及专业文艺院团改革中的分流人员到基层从事群众文化工作，是一条重要的途径。例如，农村中“大学生村官”从事群众文化工作、城市中专业文艺院团及社区中的文艺人才在社区中担任文化指导员，都对基层群众文化活动的开展起到重要的推动作用。

吸引各类优秀人才从事基层群众文化工作还可以采用如下办法：一是对基层群众文化事业机构的空缺岗位实行社会招考录用，特别注重从社会各界发现具有文艺特长和实际工作经验的群众文化人才，通过聘用考核，安排到基层群众文化事业机构去工作。二是在群众文化系统中建立人才选拔调动机制，对上级部门或单位的职位和岗位空缺，可采用从基层群众文化机构选调拔尖人才的办法，以此激励在基层工作的优秀人才奋发进取。即使是进入上一级机构工作的优秀群众文化人才，也应鼓励和选派他们到基层锻炼或工作，借以积累工作经验，促进优秀人才的合理流动。三是对于在群众文化领域工作多年的群众文化工作者，应鼓励他们到基层挂职，以此推动基层群众文化工作水平的提高。

（五）建设专兼职群众文化工作队伍

基层文化骨干和文化能人是群众文化队伍的重要构成，也是群众文化工作的有生力量。活跃在社区、农村中的群众文艺团队、特色文化户（家庭）等，都离不开基层文化骨干和文化能人的努力。因此，应当紧紧依靠和充分发挥这些文化骨干和文化能人在基层群众文化活动中的作用，不断壮大专兼职的群众文化工作队伍。

第二节　群众文化专业队伍的管理

一、群众文化专业队伍的基本概念

群众文化专业队伍有广义、狭义之分。广义的群众文化专业队伍是指日常从事群众文化工作的各类群众文化事业单位的工作人员，包括各级文化馆（群众艺术馆）、综合文化站以及人民团体、社会组织专门设立的从事群众文化工作的文化中心（文化宫）、青少年宫等机构的人员。

狭义的群众文化专业队伍，则是由群众文化事业单位中专职从事群众文化专业技术工作和管理工作的人员组成，主要包括群众文化从业人员中的第一类人员和第二类人员，即群众文化事业机构的管理人员及专业技术人员。

二、群众文化专业队伍的组建

群众文化专业队伍由各级政府或由工会、共青团、妇联、残联等人民团体负责组建，由各级政府文化部门或各类人民团体、社会组织的相关部门承担人员管理职责。

群众文化专业队伍的组建涉及人员来源、人员构成和人员管理三个方面。

（一）人员来源

群众文化事业单位采取面向社会公开招聘的方式，扩充群众文化专业队伍。公开招聘应坚持德才兼备的用人标准，贯彻公开、平等、竞争、择优的原则，并应根据群众文化业务所需的专业，注重对拟用人选才艺、业绩和实际工作能力的考核。招聘方法为：一是公开发布招聘信息。包括注明用人单位情况简介、招聘岗位、招聘人员数量及待遇、应聘人员条件、招聘办法、考试考核的时间（时限）、内容、范围、报名方法等事项。二是资格初审。根据拟聘条件对应聘人员的资格条件进行审查，确定符合基础条件的人员。三是考试、考核。可采用笔试、面试等多种方式。即根据群众文化专业和拟聘岗位的特点确定考试科目和办法，重点进行专业知识、业务能力和工作技能的考查。一般初审合格者可参加由相关专业机构组织的公共科目笔试；笔试合格者可参加各用人单位进行的专业技能测试或面试；急需引进的高级专业人才，可采取直接考核的方式招聘。四是复查。对通过考试的应聘人员，进行思想政治表现、道德品质、业务能力、工作实绩等的考核，并对应聘人员的资格条件进行复查。五是拟定人选并公示。即组织相关人员集体研究，按照考试和考核结果择优确定拟聘人员，并在适当范围公示 7～15 天。六是正式聘用。按照人事管理权限报批或备案，由法定代表人（或受委托人）与受聘人员签订聘用合同，确立人事关系。

（二）人员构成

群众文化专业队伍的人员应由在群众文化事业单位中专门从事群众文化艺术及相关业务的专业人员构成，既包括文化馆（站）的专业人员，也包括其他群众文化事业机构的专业人员。群众文化专业人员应涵盖文学、音乐、舞蹈、戏剧、曲艺、美术、书法、摄影及非物质文化遗产（民族民间文化遗产）、群众文化理论以及演出设备管理、数字化服务设备管理 10 个艺术门类及职能。同时，群众艺术馆、文化馆应保证各专业门类及功能配备齐全，并保证其中部分门类及职能配备专门人员。每个门类及职能的专业人员数量，可根据群众文化事业单位的具体情况而定。同一个艺术门类的人员配备，应尽量兼顾不同的专业，如群众舞蹈应配备民族舞蹈、芭蕾、国际标准舞等专业人员，群众音乐应配备声乐、器乐、指挥等专业人员。不必强求每一艺术门类的不同专业都配备一名专业人员，群众文化专业人员应能做到一专多能。对于县级文化馆，应根据人员编制合理配置相关门类及职能的专业人员。对于综合文化站，由于人员编制的限制，不可能配备艺术门类和职能齐全的专业人员，可根据自身条件和地域特色，优先配备受众群体广泛、群众活动需要的相关艺术门类和职能的专业人员。

（三）人员管理

按照国家关于事业单位管理的相关规定，群众文化专业队伍的管理应实行人员聘用制度和岗位管理制度。群众文化事业单位的业务人员须经过培训考核合格后持证上岗。在专业人员管理上，推行岗位职级管理制度及与之相配套的人员聘任制度、工资分配制度和社会保障制度，将人员由身份管理转变为按岗位职级分类管理。个人待遇与所在岗位的工作量、工作难度、责任大小挂钩，实行“级随岗走、薪随岗变”，强化绩效管理，鼓励专业技术人员向“专业能手”发展。在人员聘任上，应按照“按需设岗、按岗聘任、签订聘约、优胜劣汰”的要求，科学设岗，严格考核，全面推行聘约管理。应根据群众文化专业队伍的不同专业类别、不同岗位，进行分类细化管理，实行不同的考核办法，科学设岗、竞聘上岗、评聘分离、以岗定薪、岗变薪变。打破现行的、单一的职称评审制度，实现群众文化职称资格社会评审、文化馆（群众艺术馆）专业技术职务按岗聘任和社会文化指导员职业资格认证制度三者并行的人员管理制度。

三、群众文化专业队伍的标准

群众文化专业队伍的人员应符合如下三项基本标准。

（一）良好的政治思想素质

群众文化工作者所进行的是社会审美教育，因此群众文化专业队伍的人员应具备良好的政治思想素质。一是要热爱群众文化工作，有强烈的事业心和责任感，拥有良好的职业道德和职业操守；二是要有良好的思想品德和正确的人生观和价值观，能正视和解决自身存在的问题；三是面对各种复杂的社会现象要有较强的识别能力和判断能力，坚持弘扬真善美，摒弃假恶丑；四是要有群众文化工作者的亲和力和强烈的服务意识，有无私的奉献精神。

（二）较强的专业技术能力

群众文化专业人员要具备较强的专业技术能力。一是要掌握相关的专业知识，同时加强对各种相关学科专业知识的学习，使自身的专业知识达到一定的水准；二是要具备群众文化活动的组织操作能力，包括策划能力、指挥能力、辅导能力、教学能力等；三是要具备一定的专业理论修养，具有分析问题和解决问题的能力；四是要具备较强的专业技能，拥有一项甚至多项群众文化的专业特长，具有进行群众文化传播的技能和进行群众文化理论研究的技能。

（三）必要的从业资格

群众文化专业人员需要取得必要的从业资格：一是必须具备一定的专业学历；二是通过群众文化专业技术知识和能力的考核。

在我国，在群众性社会文化活动中从事文化艺术传授、文艺表演和创作指导，整理、研究和开发民间文化艺术的人员被定名为社会文化指导员，其从事的主要工作内容为：对社会文化活动进行咨询与指导；对社会文化活动进行专业能力辅导；策划、组织、排练各演出；策划和实施群众性文化活动；管理和使用社会文化活动所需要的场地、设备、器材、服装、道具等；抢救、保护和开发利用民间民俗文化遗产。从这一意义上说，现行群众文化事业机构的专业人员，都可以划归到“社会文化指导员”这一职业范畴。目前，国家统一定名的“社会文化指导员”的职业名称尚未规范和推广，以“社会文化指导员”定名的职业资格考试也尚未开设，但可以预见，对群众文化全行业的职业规范之路将成为必由之路。

对群众文化专业人员的继续教育培训是提高群众文化专业队伍水平的重要内容和必要措施。2007 年，人事部、教育部、科学技术部、财政部印发的《关于加强专业技术人员继续教育工作的意见》明确规定：“专业技术人员每人每年脱产或集中参加继续教育的时间累计应不少于 12 天或 72 学时。”因此，群众文化专业技术人员应根据国家对专业人员继续教育培训的有关要求，每年参加本单位和上级指导单位举办的继续教育培训，完成规定的学时。

四、群众文化专业队伍的培训

加强公共文化服务的人才队伍建设，提高群众文化专业队伍的服务水平，是各级政府文化部门的职能。从这个意义上说，群众文化专业队伍的培训应由各级政府文化主管部门负责。因此，各级政府文化部门应当根据党和国家的文化政策、时代要求，并根据群众文化专业队伍的整体水平、共性特点和薄弱环节，有针对性地开展岗位培训和继续教育。

群众文化专业队伍的培训内容包括：国家有关文化方面的政策和法律、法规，公共文化服务体系建设及有关群众文化的基础理论和专业知识，各类群众文化艺术的各种专业知识和技能，等等。国家有关文化方面的政策和法律、法规，是群众文化健康发展必须遵循的基本原则和规定。只有准确地把握国家有关文化建设的目标任务、政策规定，才能保证群众文化工作不偏离社会主义先进文化的前进方向。因此，强化对国家有关文化政策和法律、法规的培训，是提高群众文化专业队伍工作水平的基本保证。

对群众文化专业队伍的培训，应注意抓好三个环节：一是根据人员的岗位类别分类进行。群众文化事业单位的岗位主要分为管理岗、专业技术岗和工勤技能岗。三种岗位的职能特点都有明显的区别。因此，举办培训应区别对待，设置不同的培训班种和培训内容。培训课程可分为公开课和专业课：公开课以公共文化知识为主，所有人员均可参加；专业课则应侧重不同岗位的不同需求，以不同岗位的不同知识为内容。二是根据专业技术人员的职称层次开设培训班种和课程。可根据初、中、高级不同职称的人员，分别开设基础班、提高班和研修班。三是对群众文化专业队伍的培训进行考核。即根据不同岗位和不同的专业技术门类，采取不同的考核方法，进行相应的展示和表彰。

五、群众文化专业队伍的考核

群众文化专业队伍的考核是群众文化队伍建设的重要方面。考核一般以考量从业者的工作业绩和工作态度为主，通常以岗位职责或工作说明书作为衡量绩效的标准。考核的内容应符合岗位的实际需要，主要包括德、能、勤、绩四个方面，以考核工作业绩为重点。

德：指工作态度和职业道德。即做到遵纪守法、爱岗敬业，有良好的职业道德和政治思想品德。应主要从群众文化工作的角度去考核从业者的敬业精神和工作责任心，考核从业者的社会主义觉悟和相应的法律道德意识。

能：指工作能力和创新能力，包括从业者的体能、学识、智能和专业技能等内容。群众文化工作要求从业者要做到“懂”，即要做到懂群众，懂群众文化，懂专业艺术，能够了解和掌握群众的文化需求，具有较强的群众文化专业知识、技能和所需要的基本能力。考核的重点应放在对从业者调研能力、创作能力、学习能力的评定上，同时应检查专业技术人员参加继续教育学习的情况。

勤：指服务意识和工作态度，即从业者的工作积极性、责任心、纪律性和自觉性。群众文化从业者应具有服务意识，肯于并乐于为群众做好群众文化服务。考核时，应着重检查从业者的履职态度、劳动纪律和出勤情况。

绩：指工作效率和效果，又称为绩效，是工作数量与质量的统一。包括从业者在岗位上完成工作的数量、质量、成本、社会效益或经济效益，以及专业技术人员获奖、发表论文、获得专利、出版论（译）著等情况。岗位外的绩效也是绩效考核的重要构成。考核时应重点检查从业者完成本职岗位任务指标的情况，以及所取得的工作成果。

提高群众文化专业队伍的考核质量，需要研究和制定科学的考核指标体系，制定和完善严格、规范、可操作性强的考核办法，充分体现考核过程和考核结果的客观性、公正性和全面性。

第三节　群众文化（艺术）社团组织的管理

群众文化（艺术）社团组织通常是群众根据自身的文艺兴趣和专长，按照自愿组合的原则，具备成员共同认可的组织章程，以交流文艺技能、开展文化活动等为手段，以丰富业余文化生活、强身健体、增进人与人之间的感情、宣传地区文化等为目的而组成的群众文化（艺术）团体。在一般意义上，群众文化（艺术）社团组织指的就是群众文艺团队。

一、群众文化（艺术）社团组织的作用

群众文化（艺术）社团组织的作用主要体现在以下五个方面。

（一）团结凝聚群众文化爱好者

群众文化（艺术）社团是人们为了满足自身的群众文化需求而建立起来的共同活动的组织，它通过群众文化固有的沟通效能、吸引效能和激励效能，促进社团内部与外部的相互交流，起到团结凝聚群众文化爱好者的作用，许多群众文化（艺术）社团都是凭借着这种特殊的作用，从最初的几人、十几人，而逐渐扩展为几十人甚至几百人，吸引了越来越多具有相同志趣的群众文化爱好者参与其中的。

（二）搭建群众参与文化活动的平台

群众文化（艺术）社团选择相对固定的活动场所，作为经常开展聚集性活动的地点，是一种具有特殊效益的群众文化活动平台。这一活动平台的建立，

不仅使社团成员有了彼此认同的活动去处，也通过社团组织的活动起到带动和感染更多群众参与的作用。

（三）推动群众文化活动的开展

群众文化（艺术）社团的活动，可以推动群众文化活动的广泛开展。政府文化部门和社会文化机构举办的各类群众文化活动，往往需要群众文化（艺术）社团的参与，是群众文化活动的基本构成和主要力量。而群众文化（艺术）社团自身具有的组织性和活跃性，也为主办方举办群众文化活动提供了诸多便利条件。群众文化（艺术）社团通过对文化艺术的传播和传递，犹如星星之火，有效地推动了群众文化活动的开展。

（四）提高群众文化活动的水平

群众文化（艺术）社团有共同的审美需求和荣誉感，活动周期较为频繁，加之骨干成员的号召力和专业力量的指导，可以发挥团队的整体优势，有效地开展学习、交流、排练、演出等活动，有助于群众文化活动水平的提高。

（五）促进社会成员间的和谐

群众文化（艺术）社团依据共同的志趣和爱好，通过有益的活动，能够在公共活动场所发挥很强的正能量。不仅可以有效地增进人际交往，消除潜在矛盾，还能增强团队成员的社会荣誉感和集体荣誉感，起到促进社会和谐的作用。

二、群众文化（艺术）社团组织的特点

群众文化（艺术）社团组织的特点体现在以下六个方面。

（一）群众参与的广泛性

群众文化（艺术）社团组织数量众多，能满足不同年龄、不同层次人群的文化娱乐需求，并吸引众多群众文化爱好者参与其中。群众文化（艺术）社团的准入条件一般较低，凡基本符合社团条件的人都有机会加入。其活动内容丰富，以文学、音乐、舞蹈、曲艺、戏曲、小品、书法、美术、摄影等文化艺术类别为主，也有灯谜、集邮、手工技艺、读书会等群众喜闻乐见的活动形式。

（二）社团组建的自发性

群众文化（艺术）社团大多以群众文化积极分子为骨干自发组建，并依赖团队骨干的积极性而生存。这种自发性主要源于对文化艺术的热爱以及学习、提高、交流和展示的需要，以达到审美教育和自我开发的目的。群众文化（艺术）社团自发组建、自愿参加、自我管理的模式，有助于团队的自我成长和发展，但作为群众文化机构组建的群众文化（艺术）社团，须接受所属群众文化机构的登记备案和监管。

（三）社团成员的内聚性

群众文化（艺术）社团均具有一定的内聚力和行为的一致性，并有一定的行为规范和约定俗成的奖惩规范。在群众文化（艺术）社团内部，由于技艺专长、组织协调能力和综合素质等因素而自然形成的有威信的核心人物，拥有一种自然的影响力。这种影响力的作用，可形成比较显著的内聚力，即在核心人物周围有一批自觉维护社团核心利益和目标的骨干成员。在这些骨干成员的带

动下，社团成员具有较强烈的集体意识和从众倾向。

（四）活动规律的灵活性

群众文化（艺术）社团的参加成员、活动方式和活动地点处于相对稳定的状态，但受外部环境制约时易发生改变。由于群众文化（艺术）社团的活动基本都属于业余的性质，多是在工作、学习之余或在离退休之后的闲暇时间进行的，因此成员对活动的要求比较宽松，活动受主客观条件的制约较少，活动相对比较灵活。

（五）组织者的权威性

一般群众文化（艺术）社团的组织者均有一定的号召力和影响力。这是因为群众文化（艺术）社团的组织者一般都是社团的倡导者、发起者，具有较强的专业艺术技能和活动组织能力，有较好的人际关系，在社团中拥有较高的威信，是社团的灵魂人物，在一定程度上影响着社团的进步和发展。此外，由于社团是自发、自愿形成的产物，以共同的兴趣、爱好和追求等精神需要为凝聚力，以感情和共鸣为纽带，在这样的群体中，组织者的无偿付出和巨大的精力投入，也在一定程度上决定了组织者所具有的权威性。

（六）保障条件的不确定性

群众文化（艺术）社团自发形成的性质决定其潜在的不确定因素。加之一般群众文化（艺术）社团均存在着成员不固定、需求不稳定、经费无保证、任务不确定的情况，在很大程度上加剧了这种不确定性。特别是由于没有固定的经费来源，活动场地和设备也没有保障，大多群众文化（艺术）团队处境艰难。随着各级政府对群众文化（艺术）社团重视程度的提高，群众文化（艺术）社团在活动场地、业务辅导等方面的基本保障条件有所改善，社团自身也大多利用公园、广场等公共场地开展活动，但这种潜在的不确定性仍然在很大程度上制约着社团的生存和发展。

三、群众文化（艺术）社团组织的组建

群众文化（艺术）社团从性质上说属于社会团体类别，但与政府有关部门和其批准授权成立的政治性社团组织不同，群众文化（艺术）社团可以由有关部门和单位负责组建和管理，也可由社会成员自我组建和管理。群众文化（艺术）社团一般与当地政府文化部门没有行政上的隶属关系，但需接受政府文化部门的管理、指导和监督。群众文化（艺术）社团组织的组建主要有以下五种类型。

（一）由群众文化事业单位组建

即由文化馆、文化站、青少年宫、工人文化宫、老干部活动中心等群众文化事业机构组建和管理的群众文化（艺术）社团。这类社团一般要求在群众文化事业机构备案，具备一定的专业水准，活动也较为正规。

以文化馆办群众文化（艺术）社团为例，这类社团分属不同的艺术类别，组建和管理的难易程度也有差异，大致分为三种模式：第一种，由具有相应的文艺专业背景的文化馆业务人员具体组建和负责日常管理，社团负责人及一切活动和管理均由文化馆业务人员负责，相关人员需要倾注大量的时间和精力；第二种，社团已经具有一定的规模和实力，有自己的组织机构和负责人，文化馆只负责安排业务人员进行辅导；第三种，挂靠在文化馆的社团，其内部组织机构比较健全，日常只需利用文化馆的设施场地并以文化馆的名义开展活动，文化馆只实施检查指导，保证活动方向，提供必要的服务。

（二）由街道、乡镇一级机构组建

即由街道（政府派出机构）、乡镇政府委派相关职能部门组建和管理的群

众文化（艺术）社团。这类社团一般承担协助当地政府完成文化宣传方面的任务，在当地组织开展的群众文化活动中，以地域群众文化团队的名义参加，由当地政府部门给予一定形式的资金或物力支持。随着“政事分开、管办分离”等改革措施的进一步深化，街道、乡镇政府需改变管理方式，主要通过行政、经济等手段进行宏观管理。

（三）由社区居委会、村委会组建

即社区居委会、村委会为活跃地域群众文化生活而组建和管理的群众文化（艺术）社团。社区居委会和村委会均属于自我管理、自我教育、自我服务的基层群众自治组织。其组建群众文化（艺术）社团的目的是满足群众自娱自乐需要，其组建程序简便，限制条件较少。这类社团在实行自我管理的同时，一般由社区（村）文化室具体负责日常管理。

（四）由企事业单位、社会团体组建

即由企事业单位、社会团体为建设企业文化的需要而组建的群众文化（艺术）社团。这类社团的功能主要为展示企事业单位、社会团体的对外形象和精神风貌，增强内部的凝聚力和向心力。一般由工会或相关部门进行管理。

（五）由业余文艺骨干组建

即由群众文艺骨干个人根据自己的志趣和专长自发组建和管理的群众文化（艺术）社团。这类群众文化（艺术）社团主要利用公园、广场等公共场地，有时也利用组织者的个人住所开展活动，社团活动以自娱自乐为目标，以感情为纽带，组织管理相对松散，组织成员处于动态变化之中。

群众文化（艺术）社团中的一部分社团相对比较正规，已登记为面向全社会的法人社团组织；但多数社团均只在地域群众文化管理部门备案，纳入地域群众文化的管理范围，以业余群众文化（艺术）团队的名义开展活动；还有部

分社团未进行登记和备案。相对正规的群众文化（艺术）社团一般具有一定的组建规范，内容包括：自觉遵守国家的法律、法规，有相对明确的社团名称和组织管理机构，有相对稳定的社团成员，有可以利用的场地作为活动阵地，有相对稳定的活动时间和活动规范等。

需要登记为面向全社会的法人社团组织，一般需要具备如下条件：有 50 个以上的个人会员或者 30 个以上的单位会员，个人会员、单位会员混合组成的，会员总数不得少于 50 个；有规范的名称和相应的组织机构；有固定的住所；有与其业务活动相适应的专职工作人员；有合法的资产和经费来源，全国性的社会团体有 10 万元以上的活动资金，地方性的社会团体和跨行政区域的社会团体有 3 万元以上的活动资金；有独立承担民事责任的能力。社会团体的名称应当符合法律、法规的规定，不得违背社会道德风尚，并应与其业务范围、成员分布、活动地域相一致，准确反映其特征。地方性的社会团体的名称不得冠以“中国”“全国”“中华”等字样。

四、群众文化（艺术）社团组织的标准

合格的群众文化（艺术）社团大体可分为一般性群众文化（艺术）社团和正规性群众文化（艺术）社团两大类。

（一）一般性群众文化（艺术）社团组织的标准

一般性群众文化（艺术）社团的标准是：有社团组织者或负责人，有相对稳定并能自觉参加群众文化活动的社团成员，有相对稳定的活动场地，有相对准确的团队名称，坚持常态化的社团活动。这是群众文化（艺术）社团需要达到的最基本的标准。这类社团以街道（乡镇）、社区（村）或机关、学校、厂矿单位内部等基层组织的群众文化（艺术）社团为主，其人员范围和活动区域相对有限，活动规模较小，活动的影响有限。但也有许多这一层级的群众文化（艺

术）社团发展壮大为正规性的群众文化（艺术）社团。

（二）正规性群众文化（艺术）社团组织的标准

正规性群众文化（艺术）社团的标准是：制定群众文化（艺术）社团章程，设有明确的组织机构，有较为固定的活动用房，有较为严格的规章制度，经常参加地域性的群众文化活动。这类社团以区（县）级以上群众文化事业机构及各类组织、单位所属的群众文化（艺术）社团为主，相对来说，其人员规模和活动区域范围较大，活动规模和社会影响力也较大，同时需要在组织管理和业务考核上达到相应的标准。

五、群众文化（艺术）社团组织的活动

（一）日常进行的团队活动

日常进行的群众文化团队活动包括娱乐、排练、交流、创作、采风、培训、笔会等，以自娱、学习、提高为活动目的。日常进行的团队活动，可根据团队的艺术门类和性质，采用较为规律的活动周期，一般可按每日活动 1 次、每周活动 1 次、隔周活动 1 次、每月活动 1 次（也可为 N 次）等方式来设计。以娱乐、训练或排练为主的团队活动，主要依托群体活动来完成，活动周期相隔时间较短。以创作、研究为主的团队活动，很多创作、研究成果都是由个人单独完成的，一起活动只是相互切磋、激励和研讨，活动间隔时间会较长，如遇演出、比赛等情况，则可根据实际情况适当增加活动次数。

（二）参加地域和所属机构开展的演出展示活动

即根据团队性质开展音乐、舞蹈、戏剧、戏曲、曲艺、书法、美术、摄影、文学、民间艺术、民俗等群众文化艺术演出、比赛、展示等，为所属地域和机

构服务。相对来说，这类活动所占的比例较大，这既是地域和所属机构扶持群众文化（艺术）社团的重要原因，也是群众文化（艺术）社团社会价值的重要体现。

（三）参加跨区域的国内外文化交流活动

主要包括参加跨区域的国内外文化艺术演出、比赛、演示、研讨活动等，为地域、机构和本团队赢得荣誉。这类活动对群众文化（艺术）社团的艺术表演水平要求较高，同一门类的社团往往需要经过层层选拔或比赛，最终确定的优胜者方能获得参加跨区域国内外文化交流活动的机会。比较活跃的群众文化（艺术）社团，也有机会参加跨区域的国内外文化交流活动。

六、群众文化（艺术）社团组织的管理目标

对群众文化（艺术）社团的管理，首先，应强调自治管理，即努力完善各项管理制度和规范，不断在社团演出（展示）、场地、经费等方面拓宽渠道，促进自身的健康发展。其次，各级政府文化部门应发挥管理职能，探索群众文化（艺术）社团发展的长效机制，通过例会、研讨、表彰等手段，激励团队的建设与发展。最后，群众文化事业单位应加强对群众文化（艺术）社团的辅导与服务，从提高艺术水平和质量的角度抓好团队业务知识和技能的培训，搭建群众文化（艺术）社团展示和交流的平台，积极扶持并促进群众文化（艺术）社团的进步。

群众文化（艺术）社团的管理目标主要可设定为六个方面。

（一）活动方向

要求活动内容和形式积极健康，符合社会主义先进文化和社会主义核心价值体系的要求，即坚持“文艺为人民服务、为社会主义服务”方向，“百花齐

放、百家争鸣”方针，弘扬主旋律，提倡多样化，根据群众文化（艺术）社团的门类或内容，开展有益于人民群众身心健康的活动，把握正确的群众文化活动方向。

（二）日常活动

要求坚持日常活动，参加的成员达到一定的比例，活动有计划、有内容、有记录、有检查。团队每年要有年度工作计划和年度总结，有展示活动。日常活动是社团组织存在的重要基础，也是成员之间相互学习、提高和沟通信息的平台。日常活动一般应围绕文化艺术的创作、排练、培训和欣赏进行，并根据社团的不同门类的要求，安排符合艺术规律和特点的活动内容。如摄影门类社团的日常活动应以展示、评审会员的摄影作品为主；合唱队的日常活动应以发声练习和歌曲排练为主；舞蹈队的日常活动则应以基本功训练和舞蹈作品的排练为主。

（三）服务群众

要经常开展服务地区群众的公益性展示活动，在地域群众文化活动中形成一定的受众面和影响力。根据所属地域或机构的群众文化活动安排，面向社会、群众参加公益性的展示活动，有时也可根据活动需要自主举办公益性展示活动，借以丰富和活跃区域内群众的业余文化生活。

（四）品牌特色

即要具有一定的文化艺术特色，拥有一定的活动品牌。群众文化的活动品牌都是经过多年积累，并在内容和形式上不断创新而逐步形成的。品牌在一定意义上就是群众的口碑。群众文化（艺术）团队应根据团队的艺术门类，打造具有鲜明艺术特色和反映地域生活的原创作品或活动项目，并通过参加或举办的演出、比赛、展览等活动加以推广，根据群众的意见不断完善和提高，使之得到群众的喜爱，并产生较好的社会影响。

（五）硬件条件

即要有较稳定的活动排练场地和辅助设备。群众文化（艺术）社团应当拥有较为稳定的活动排练场地，这是社团活动的基本条件之一。根据社团的活动特点和规律，动态类社团的活动既可安排在室内也可安排在室外场地进行，而静态类社团的活动则多安排在室内场地进行。公园、广场等公共区域是许多群众文化（艺术）社团经常利用的室外活动场地，但季节、气候的变化在一定程度上会影响到社团活动的正常进行。因此，各级群众文化机构或组织应为解决群众文化（艺术）社团活动场地的问题提供必要的帮助。此外，群众文化（艺术）社团还应配备一定的辅助设备，如必要的服装、道具、音响等。在这一方面，政府所设的群众艺术馆、文化馆（站）应把为群众文化（艺术）社团提供活动场地和设备作为免费开放的内容之一。

（六）创编能力

即要求具备一定的创编能力。创编能力反映了对较高水平群众文化（艺术）社团的要求，是一种创造性的群众文化活动。创编群众文化作品应与社会形势和工作重心、与当地群众的生活实际紧密结合，采用群众喜闻乐见的、反映地域文化特色、与社团艺术门类相适应的形式，突出作品的原创性和生活化，为地域的文化建设和人们的生活服务。群众文化（艺术）社团应吸纳具有创编能力的群众参加，根据社团的能力和条件创编一定数量的群众文艺作品，并投入排练和演出。

第四节　群众文化骨干队伍的管理

一、群众文化骨干的特征

群众文化骨干是群众文化活动的基本力量，在群众文化活动中发挥着中坚和带头的作用。群众文化骨干具有以下三个方面的特征。

（一）热爱群众文化，以满腔热情投入群众文化工作

热爱群众文化是群众文化骨干最根本的动力来源，并能够在群众文化活动中激发和展示自己的全部能量。

（二）具有一项或多项文化艺术专业技能，愿意以己之专长帮助他人

群众文化骨干一般具有较高的专业文化艺术水平，在群众中有很高的威信和影响力，具有表演示范能力和辅导指导能力。

（三）具有较强的组织能力，能够鼓励和引导他人参加群众文化活动

群众文化骨干在群众文化活动中大多集组织者、辅导者和管理者于一身，有较强的组织协调能力。群众文化骨干作用的发挥，在一定程度上影响着群众文化活动的兴衰。

二、群众文化骨干队伍的培植

培植群众文化骨干队伍主要包括以下几个方面的内容。

（一）提高群众文化骨干的业务水平，给他们提供参加各种培训、交流、表演和深造的机会

群众文化骨干虽然热爱群众文化艺术，具有一定的群众文化艺术特长，但很多人没有系统地学习过文化艺术专业知识和技能，需要不断地充实知识和提高水平，往往对参加培训、交流、表演、深造的要求十分强烈。因此各级群众文化事业机构应定期地对他们进行培训，为他们创造更多的实践和深造的机会。

（二）对群众文化骨干组建的或在其中发挥重要作用的群众文化（艺术）社团，在场地、师资、设备等方面给予扶植和帮助

群众文化骨干和他们所组建的群众文化（艺术）社团在群众文化活动中发挥着十分重要的作用，因此各级政府文化部门和各级群众文化事业机构应根据群众文化骨干和他们所在的群众文化（艺术）社团的水平、层级、活跃程度、贡献等因素，在活动场地、师资、设备等方面给予不同程度的扶植和帮助，并提供必要的辅导和服务。

（三）采用表彰、命名和奖励等手段，调动群众文化骨干的积极性

表彰、命名、奖励等手段对群众文化骨干有着重要的激励作用，也是对其进行管理的有效手段。各级政府文化部门和各级群众文化事业机构应分别从组织管理和业务管理的角度，采用多种方式进行表彰、命名和奖励。

三、群众文化骨干队伍的考核

（一）考核时间

对群众文化骨干队伍应定期进行考核。考核周期以一个年度考核一次为宜。根据一般的工作常规，可选在自然年度结束后的时间段进行。

（二）考核内容

对群众文化骨干的考核主要可安排三项内容：

1.个人群众文化专业知识和技能的考核

主要考核个人专业特长方面的知识和技能，如舞蹈、音乐、戏剧、理论、组织等方面的内容。

2.个人参加群众文化活动业绩的考核

主要考核个人年度内取得的成绩，如参加相关群众文化活动所获得的奖项、表彰，发表（出版）个人作品（专著）等内容。

3.个人参加群众文化培训学习情况的考核

主要考核个人参加各类辅导、培训的情况，包括所学的知识、学习体会以及考勤情况等。

考核应以群众文化专业水平和能力为重点，目的在于准确掌握群众文化骨干的专业水平，及时获得群众文化骨干的需求信息，以调动群众文化骨干的积极性，更好地为其提供帮助。

（三）考核方式

群众文化骨干队伍的考核可采用总结、考试、问卷、评比、测评等多种方法。考核结果应与表彰奖励结合。考核方式应采取灵活、多样的形式，可根据不同类别、不同艺术专长的群众文化骨干采取不同的方法。如针对群众文化（艺术）社团的负责人，可采用总结、交流的方法；一般骨干成员，可采用考试、问卷的方法；相同艺术门类的骨干，可采用比赛、评比的方法。对于考核中的优秀者，应当在进行精神奖励的同时，给予一定标准的物质奖励。

第五节　群众文化志愿者队伍的管理

志愿者，也称义工，是自愿参加相关团体组织，在自身条件许可的情况下，在不谋求任何物质、金钱及相关利益回报的前提下，合理运用社会现有资源，志愿奉献个人可以奉献的东西，为帮助有一定需要的人士，开展力所能及的、切合实际的、具有一定专业性的服务活动的人。志愿者以提供志愿服务的方式，给人们以实在的帮助和心灵的温暖，给社会以爱的力量和向上的希望。文化志愿者是志愿者队伍的重要组成部分，包括图书馆、博物馆、美术馆、文化馆、音乐厅、影剧院等各种公共文化服务机构的志愿服务内容在内。群众文化志愿者专指利用自己的时间、财力和文艺技能，自愿为社会和他人提供公益性文化艺术服务和帮助的志愿服务人员。

一、群众文化志愿者队伍的分类

群众文化志愿者是以向社会和群众提供文化艺术服务和帮助为主要内容的志愿服务人员。群众文化志愿者队伍是群众文化事业的有生力量。在群众文化事业机构服务能力不能完全满足群众文化服务需求的背景下，群众文化志愿服务的机制有效地调动了地域社会文化资源，是对群众文化专业队伍的有益补充。群众文化志愿者队伍不仅拓展了群众文化服务的覆盖面，也使群众文化服务更加深入。

群众文化志愿者主要有两种分类方法：一是从参与群体的属性上划分，可分为个人型和团体型。即群众文化志愿者可以是个人，也可以是团体。二是从专业技能和人员结构上划分，可分为专家型、专业型、特长型和支持型四种类型。

专家型志愿者：指文化艺术界的名人、学者等，主要为群众文化提供高档次的指导。

专业型志愿者：指专业艺术院团的文艺工作者、群众文化机构的社会文化指导员等，主要指导和参与各类群众文化活动。

特长型志愿者：指拥有一定文化艺术专长或技能的群众文艺团队骨干等，是群众文化活动的重要力量。

支持型志愿者：指热爱文化艺术，愿意为文化艺术事业奉献智力、财力和精力的人士，主要为群众文化事业提供力所能及的支持和帮助。

二、群众文化志愿者队伍的社会功能

志愿服务是文明社会的基本构成和重要内容，倡导的是“奉献、友爱、互助、进步”的精神，体现的是“帮助他人、完善自己、服务社会、传播文明”的传统美德。群众文化志愿者之所以肯自我奉献，热心公益文化服务，其最大的动力来源于他们对社会、对他人、对所从事的文化艺术发自内心的爱。

群众文化志愿者队伍的社会功能主要体现在以下几个方面。

（一）价值回归功能

即以无偿和奉献的精神为社会提供公益性的文化服务。群众文化志愿者与其他志愿者一样，都自愿贡献个人的时间和精力，以无偿的方式为社会提供群众文化服务。无偿、奉献是群众文化志愿服务的本质特征。群众文化志愿者付出自己的时间、精力、知识、技能、资源和爱心来回馈社会，是对社会的一种奉献。

（二）艺术普及功能

即以自己的专业特长向群众传播文化艺术知识和技能。群众文化志愿者涵盖了音乐、舞蹈、戏剧、曲艺、美术、书法、摄影以及民间文艺等各种艺术类别，他们以自己的艺术特长和专业技能为群众提供艺术指导和辅导等服务，帮助群众提高专业艺术素养和能力，在满足群众多样化文化需求的同时，也使自己获得精神和心灵的满足。

（三）社会净化功能

即以友爱互助的行动传播新型的人际关系和社会文明。群众文化志愿者在志愿服务中，除了传授文化艺术知识和技能以外，还承担着传播新型人际关系和社会文明的责任。他们秉承高度的社会责任感，用爱心去感染他人，用生命去影响生命，用自己从事志愿服务的实际行动，传递出助人为乐的高尚品质和情操，传播新型的人际关系，倡导互助友爱的社会文明。

三、群众文化志愿者队伍的组织

（一）招募群众文化志愿者一般采用的程序

1.确定志愿服务项目

群众文化事业机构应根据群众文化工作计划的内容，提出群众文化活动志愿服务项目，并按照实际需求提出招募计划。志愿服务项目可以设置为单项，也可以设置为多项。确定志愿服务项目应注重公益性和可行性，符合覆盖面广、受众面宽、影响广泛、效益良好的标准，并应通过相关专家进行的评审论证。

2.明确服务方式和要求

对所选定的志愿服务项目，可根据招募计划明确该项目的志愿服务方式和相关要求。

3.明确招募对象条件

包括拟招募的志愿者的年龄层次、学历要求、健康状况、知识技能等方面的条件，有些项目还应当明确告知在志愿服务过程中可能出现的风险。

4.明确报名方式

确定采用何种报名方式，包括现场报名、电话报名、网络报名、网点报名等，同时应确定联系人及联系电话。

5.发布志愿者招募书

在确定以上内容的基础上，拟定《志愿者招募书》，并通过报刊、网络等媒介予以发布。发布范围可面向全社会，也可定向面对与项目相关的志愿服务机构。《志愿者招募书》应载明与志愿服务项目有关的信息，包括项目背景、项目内容、服务方式、项目要求、招募对象条件、报名方式、联系人等。

（二）制定群众文化志愿者指南和相关的管理制度

招募单位应根据群众文化志愿服务的相关内容，为志愿者编制服务指南或服务手册。服务指南的内容可包括：志愿者服务理念、誓词、基本条件、权利与义务、招募办法及流程、志愿者培训、志愿服务知识、基本要求、注意事项、日程安排、保障与表彰等。

同时，为了规范志愿服务人员的管理，保障群众文化志愿者的权益，提高群众文化志愿服务的质量，招募单位还应制定志愿者管理的各项规章制度。志愿者管理的规章制度可包括：志愿者注册登记制度、志愿服务工作守则、志愿者招募制度、志愿者培训制度、志愿者管理办法、志愿者保障和奖励制度等。同时还应探索创新志愿服务的机制和方式，建立统一的志愿服务项目发布平台，提高志愿服务项目与公众需求、公众参与的对接效率，最大限度地发挥志愿服务的效益。

（三）群众文化志愿者的组织方法

群众文化志愿者队伍的组织方法大体分为以下几种。

1.由相关的群众文化事业机构组织

即由群众艺术馆、文化馆、文化站等群众文化事业单位根据使用志愿者的需要，直接进行群众文化志愿者的招募、培训、使用和管理。

2.由各省市文化厅（局）组建的文化志愿者服务中心组织

即由政府文化部门设立文化志愿者服务中心，承担群众文化服务范围内的文化志愿者的招募、培训、使用和管理。

3.由志愿者服务机构组织

即由群众文化事业机构以外的第三方志愿者服务机构负责群众文化志愿者的招募、培训和管理。志愿者使用单位可根据群众文化活动项目的需求，委托志愿者服务机构代为招募群众文化志愿者。

组建群众文化志愿者队伍，是群众文化管理的一个新课题。建立完善的、符合群众文化需求的志愿者管理机制，需要进行新的研究和探索。

四、群众文化志愿者队伍的培训

培训是群众文化志愿者组织管理的一项主要工作。抓好志愿者的培训是强化群众文化志愿者队伍素质的关键，而强化素质则是群众文化志愿者队伍生存发展的必要条件。加强群众文化志愿者队伍的培训，可以有效地提高群众文化志愿者的政治素质、文化素质和专业素质，不断提高志愿服务的质量和水平。

建立志愿者培训制度，可以不断提高群众文化志愿者的服务能力，更好地完成义务服务的任务。从一定意义上说，志愿服务的过程是自我教育、自我开发、自我提高的过程，针对志愿者的不同水平、专业和服务项目进行有针对性的培训，是做好志愿服务的重要保障。

志愿者培训包括新志愿者培训、项目专业培训、志愿者全员培训等形式。

（一）新志愿者培训

原则上讲，新志愿者在完成登记后，都应当经过基础的培训。新志愿者虽然都对自己所从事的专业有较高的造诣，但对志愿者和志愿服务的相关知识则未必有更多的了解。因此，进行新志愿者的培训是开展志愿服务前的一项基础性工作。

新志愿者培训的内容可包括：群众文化志愿者组织的性质、任务和组织架构的介绍；志愿服务有关规章制度、纪律等方面的教育；志愿者服务指南的讲解，拟定开展的志愿服务项目的介绍；优秀志愿者先进事迹的介绍；等等。

（二）项目专业培训

志愿服务往往依托具体的志愿服务项目来进行，每个志愿服务项目都有各自的具体要求，对志愿者的要求也有个性化的区别。根据不同项目的具体情况和个性化特点进行专业培训，是顺利完成志愿服务项目的前提。因此，在开展专项志愿服务活动前，要进行必要的专业培训，明确项目的意义、活动内容、时间、地点、相关要求、注意事项等，使参加该项服务的志愿者充分了解和掌握与专项服务相关的知识。对于专业性较强的志愿服务项目，可聘请有关方面的专业人员或有培训资格的志愿者培训师进行培训。

（三）志愿者全员培训

全员培训是志愿者培训的一项基础性工作，是提高志愿者基本素质、保证志愿服务质量的重要措施。培训内容可选择志愿服务的基本理念、志愿服务的通用技能和规范等。通常情况下，全体志愿者每年都应参加一次全员培训，并在相关志愿者服务手册或相关档案予以记载。

五、群众文化志愿者队伍的考核与宣传

（一）群众文化志愿者队伍的考核

群众文化志愿者队伍的考核可采取多种方式进行，包括进行群众文化志愿者年度服务考评、进行群众文化志愿者志愿服务绩效评估、建立常态文化志愿者星级评审体系、对优秀群众文化志愿者进行表彰和奖励等内容。可参照共青团系统评定“星级志愿者”的方法，在志愿者组织内部建立以服务时间和服务质量为衡量标准的星级认证制度，定期表彰“星级志愿者”。

（二）群众文化志愿者队伍的宣传

对群众文化志愿者队伍的宣传，主要可通过对群众文化志愿者活动重点项目、重大活动或典型人物的宣传报道，逐步扩大群众文化志愿者队伍的社会影响力。在宣传途径上，可利用广播、电视、报刊、网站等媒介进行宣传，可在志愿服务活动过程中借助其他大型文化活动进行宣传，也可利用各级群众文化事业机构的常态化宣传阵地进行宣传。在宣传方式上，可通过组织媒体专访、制作宣传片、举办展览等方式，吸引社会各界的关注，不断吸收更多的文化艺术人才投身于群众文化志愿服务工作。

第七章　群众文化活动的构成

第一节　群众文化活动的内容与形式

无论自然界还是人类社会中的一切事物，都有它的内容与形式，都是内容与形式的辩证统一体。群众文化活动这一人类社会精神领域的客观事物，当然也不例外。所谓群众文化活动的内容，是指群众文化活动形式所表现的实质和意义，是群众文化活动主体因素和客体因素的统一体。

群众文化活动是以文学艺术为主要形式的，文学艺术作品通过艺术形象反映客观现实生活。就群众文化活动内容的主体部分而言，它既有反映社会生活的客观性，又有渗透着活动者思想情趣和审美评价的主观性，是客观与主观的统一。同时，它具有意识形态性，即群众文化活动的文学艺术部分的内容一般都渗透着一定的世界观、人生观、价值观、伦理观等。这种一般的抽象的思想内容，都是通过群众文化活动的形象化形式来表现的。群众文化活动还包含一些不具有明确的思想意义的活动项目，比如游艺活动、群众业余体育活动、交谊舞活动等纯娱乐、健身、消遣的活动项目，其本身内容就不一定具有意识形态性，至于依附于这些活动上的其他思想内容，则另当别论。

群众文化活动的形式，是指群众文化活动内容得以表现的形态。群众文化活动形式从层次上划分，有外在形式和内在形式。群众文化活动外在形式是物质性的，是活动内容得以传达的物质手段和组织形态，群众文化活动形式所采用的物质手段的发展，带动着群众文化活动形式的发展。群众文化活动的内在形式是活动内容直接相依赖的形式，即活动内容的组织结构方式，也是活动内容的各种因素或各部分之间的内部联系和组织方式，群众文化活动的形式是在长期的群众文化实践中不断丰富和发展起来的，它本身没有阶级性。

群众文化活动的内容与形式的关系是辩证统一的。形式依靠内容而存在，内容依靠形式去表现，两者相互依赖、相互制约，都以对方的存在为条件。在地位上，群众文化活动的内容起着主导和决定作用，形式由内容决定并为内容服务。刘勰说："夫情动而言形，理发而文见，盖沿隐以至显，因内而符外者也。"这就是说，一定的形式总是根据内容的需要而产生并为一定的内容服务的。群众文化活动的内容从它的精神调剂、宣传教化、普及知识、团结凝聚等功能来看，包含德育、智育、美育、体育等所涉及的各个方面，内容是异常丰富的，而丰富的内容都有相适应的形式。

群众文化活动的形式虽然由内容决定，但它又能给内容以积极的影响。相适应的完美的形式能使内容得以充分表达，从而达到较好的活动效果。反之，则会妨碍内容的表达而减弱活动的效果。群众文化活动的形式是人类各民族在长期的群众文化实践中形成和不断更新的；活动形式的创新又促使活动内容更为丰富和新颖。群众文化活动的形式也有相对的独立性，不同的形式可表达相同或相似的内容，相同的形式也可表达相同或不同的内容。此外，它还有着特殊的内在规律性和形式美的法则。比如中国农民画，在创作活动中逐步形成了鲜明稳定的表现形式和浓厚强烈的艺术风格，在造型、构图、色彩配置和笔法、材料工具的运用等方面，均具有独特之处，其绘制活动具有不同于其他绘画活动的个性规律。

总之，群众文化活动的内容与形式是辩证统一的；人们所做的努力，也就在于对一定的社会内容与尽可能完美的形式相统一的追求。

第二节　群众文化活动的类别

群众文化活动内容丰富而形式繁多，但并不是杂乱无章的存在物，它具有多层次的组合结构。按照事物分类的“划分标准统一”原则和从小到大的顺序，群众文化活动从外在形式上可分为这样三个层次：活动样式、活动类型和活动总类。这些不同的活动层次，形成了群众文化活动存在的不同形态。

一、群众文化活动样式

群众文化活动样式，是按不同文化艺术门类区分的基本的活动组成的活动种类。之所以能区分为不同的种类，是因为它们在形式上有不同的内部组织结构和外部表现形态。具体样式有以下几种：

群众文学活动：主要指小说、诗歌、散文、报告文学等文学作品的创作，以及围绕创作所开展的各种辅导、加工交流等有关活动。在群众文化的基础部分中的民间文学创作、传播活动，还包含民间歌谣、民间长诗、民间谜语、民间谚语等民间诗歌的活动，包含神话、传说、寓言、笑话、童话、生活故事等民间故事形式的活动等。这一活动样式的共同特点是以语言为工具，是语言的艺术。

群众戏剧活动：这一样式的活动，既包括群众性戏剧演出的活动，也包括对专业性戏剧演出的欣赏。戏剧是融诗歌、音乐、舞蹈、曲艺、美术、杂技、武术以及表演等多种艺技于一体的综合性的活动样式，它也包括民间小戏、木偶戏、皮影戏等。戏剧活动是古老的艺术，早在 2 000 多年前亚里士多德就曾给它下过定义，它以自己的综合性和现场表演等直观的内外部特点区别于其他样式的群众文化活动。

群众曲艺活动：群众曲艺活动包括快板、快书、弹词、渔鼓道情、大鼓、琴书、牌子曲、时调小曲、评书、相声等不同形态的、种类数以百计的说唱活动。它以带有表演动作的说唱来叙述故事、塑造人物、表达思想感情，有着浓厚的地方性特色。它以叙事为主、代言为辅、“一人多角”等特点而成为带有显著民间色彩的群众文化活动样式。

群众音乐活动：分为用人声演唱的声乐和用乐器演奏的器乐两大类，是一种用声音塑造情感形象的听觉艺术活动，是历史悠久且种类繁多的活动形式。就中国来说，远在周朝时期，见诸文字记载的乐器便已有 80 多种。不仅每个民族都有独具风格的群众音乐活动，而且这种音乐具有不经翻译即可为不同国家、不同民族的群众所欣赏的普遍可传达性。

群众舞蹈活动：这是历史久远、形式种类繁多的群众文化活动，包括社交舞蹈、风俗舞蹈、健身舞蹈、礼仪舞蹈等。它在形式上明显地表现着人民群众的生产与生活方式、风俗习惯、宗教信仰、道德观念和审美情趣，在外部表现形态上有着鲜明的动作性、造型性、节奏性和直观抒情性的特点。

群众美术活动：通称为造型艺术、空间艺术、视觉艺术和静态艺术的美术门类的群众文化活动，包括绘画、雕塑、工艺美术、书法、摄影、篆刻等方面的活动。泥塑或陶制各种玩具、剪纸、制作风筝、集邮等也都是群众美术活动。尽管这一样式的活动的外部表现形态各异，却一般都有以美术为基础、以一定的物质材料在一定的空间创造静态视觉形象的特点。

群众游艺活动：指包含游戏、杂技在内的一种智力性、康乐性活动。它包括棋类、牌类、儿童游戏等，具体活动种类难以计数和尽说。它大体可划分为智力性与娱乐性两大类。科技的进步已使现代化的由电、光、声和机械等进行控制的游艺活动进入群众文化生活领域，群众游艺活动的形式也更为多样而新颖。

群众体育活动：这是指乡村、厂矿、企业、机关等基层群众所开展的业余性质的体育活动。民族民间体育活动有武术、荡秋千、赛龙舟、跳皮筋、踢毽子等；新兴的群众体育活动的项目同国家专业体育的项目差不多，能进入国家或国际性比赛的项目，大都可在业余进行。群众体育活动区别于专业性体育活动的特点是以自我娱乐、健身为主要目的。群众文化活动样式同群众游艺活动一样，其本身一般不具有意识形态性。

上述每种群众文化活动样式都具有相对的独立性，以其相对稳定的活动形式而存在着。它们都以独特的形式和方式来表现群众文化活动的内容，同时也都以不同的形式和方式成为客体而作用于群众文化活动的主体。从文化艺术门类层次上划分的群众文化活动样式，指的是一个种类的群众文化活动的形式，既包括这个种类的群众文化活动的过程，也包括与这个种类的活动成果有关的其他活动；既包括群众满足自身文化需要而创造这个种类成果的表现性活动，也包括出于同样目的而对他人的这个种类成果的欣赏性活动。

二、群众文化活动类型

群众文化活动类型是指以共同的活动形态特征所形成的群众文化活动的类别，从包含文化艺术门类的意义上讲，它是比活动形式更高层次的群众文化活动形态。按照通常的分类方法，可以划分出下列主要的群众文化活动类型：

创作活动：群众文艺创作活动，是从满足自身精神需要出发而进行的群众文化行为，是自我实现性的活动。从创作的文艺门类上讲，专业性文艺家所从事的文学、音乐、美术、舞蹈、戏剧、曲艺等门类，全部是群众文艺创作的门类范围。不仅如此，专业性文艺家一般不会或不可能创作的大量的民间文艺门类，是群众文艺创作的独有天地。此外，群众文艺创作也包括口头性的民间文学创作。

表演活动：群众表演活动是一种自娱性与自我表现性相融合的活动，是对戏曲、曲艺、音乐、舞蹈等动态性文艺作品的创造性表达，是一种在公众场合进行的娱乐活动。表演者既可表演自创作品，也可表演他创作品。表演者与观赏者往往有着某些密切的社会联系，在表演活动中表演与观赏的角色还往往出现互换或同时兼有。

展览活动：群众展览活动是一种展示自己创造才能的活动类型，是置绘画、摄影、书法、雕塑等静态的文艺作品于观赏者中间的立体性表现。作为群众文化活动的另外一类展览活动，是指通过文学、美术等艺术手段而进行的图体、实物等的专题性陈列，是一种社会宣传教育性活动。若群众未直接参与这种展览物的制作，这种展览对于群众来说就只能属于观赏活动。

观赏活动：在观赏活动中，作为活动主体的人都是在欣赏他人所展示的文化艺术活动或作品，观赏活动也是一种对他人提供的群众文化产品的消费活动。这种类型的活动种类如观看电影、电视、录像、幻灯、展览和文艺演出等。文艺演出、展览有直接的现场观赏和间接的影视观赏等多种途径。影视观赏具有对文艺门类的最大包容性。

阅读活动：它同观赏活动的相同之处，是活动主体对他人文艺产品的一种接受，所不同的是阅读的客体对象是图书、报刊以及橱窗、画廊、板报等载体所提供的阅览物。这种类型的活动客体物除了文就是图。活动方式可以是个体在各种时空进行，也可以是活动群体集中在一定时空进行。

培训活动：指群众为提高自身思想文化素质和业务技能而自愿参加社会上举办的各类讲座、培训、补习等形式的活动。其中也包括文化艺术各门类的培训学习活动。这一类型的活动都是集体性的。

健身活动：群众文化范畴的健身活动包括群众业余体育、游艺等以益智壮体为主要目的的文化活动。这一类型的活动大都具有在智力上、技艺上的竞赛性，活动本身一般不具有思想意义。

对群众文化活动作如上类型的划分，是从其活动外部形态的共性上区别的一种分类方法。从其所包含的活动量来说，有大的类型和小的类型，但无论大小都是同类特征的活动组成的一个集合体。各种类型之间存在着相互作用、相互联结、相互依赖的内部联系；有的活动同时具有多种类型的特点。

三、群众文化活动总类

比活动类型更高的层次，是群众文化活动总类。它是按活动主体在活动中的角色地位的不同来区分的，大体上划分为接受性群众文化活动和表现性群众文化活动两大类。活动总类是对活动类型的归并。阅览活动、观赏活动、培训活动等归属于主体接受性活动；创作活动、表演活动、展览活动、健身活动等归属于主体表现性活动。

接受性群众文化活动是主体的输入性活动，活动旨在从活动客体上求取愉悦、知识和审美享受等。它是通过活动客体去认识客观世界的一种意识性活动。而表现性群众文化活动主要是主体的输出性活动，活动旨在通过创作文艺作品、塑造艺术形象、展示文化艺术成果来表现自己的思想情感、智慧和价值。诚然，接受性和表现性两大类群众文化活动是紧密地联系在一起的。有些活动中主体的接受角色和表现角色可能反复变换，有些活动把接受和表现紧紧交织起来，有的活动同时具有接受和表现两种性质。

群众文化活动总类之上的层次，自然是群众文化总体了。这一活动总体是由活动样式、活动类型和活动总类若干内部层次组成的统一体，是一个有机的系统。我们对博大庞杂、浩如烟海的群众文化活动进行系统的分析，其目的就在于明确各种活动特点，认识其内部规律和相互联系的特性，并准确地把握它们的演变趋向。总之，是为了提高人在群众文化活动中的自觉性和主动性。

第三节　群众文化活动的基本特点

如同对群众文化总体特征的探求一样，对群众文化活动特点的研究，也是为了从事物的性质上去认识研究对象。从前面进行的对群众文化活动的活动机制、内容与形式以及分类的论述中，可知群众文化活动是一个庞大的系统。既然如此，群众文化本体与它的外部联系所表现出来的特点也必然是多方面的。所谓特点，就是事物的独特之处。群众文化活动这一事物总体所共有的独特之处主要有空间的广泛性和时间的闲暇性、目的的功利性和效应的双向性、内容的丰富性和形式的多样性。

一、空间的广泛性和时间的闲暇性

群众文化活动在空间上的广泛性，是指群众文化活动这一事物在存在形式上的广度特征。从人类历史发展的纵向看，人类产生，人们的文化活动也就相随出现了；在无限的未来，群众文化活动永远是并且更将是人们不可缺少的一种精神生活内容。从人类世界的横向看，每个国家、民族的人民群众都有一定的文化活动。尽管人们的文化生活的质与量千差万别，但这种群众文化活动在人类分布之处无所不在。群众文化活动的广泛性不仅在于它所存在的范围大，还在于它所涉及的方面广。作为人类社会的活动，有经济活动、政治活动、教育活动、宗教活动、军事活动、科学研究活动和人们的情感活动等，这包罗万象的种种社会活动，几乎无不与群众文化活动有关联。或者说，群众文化活动所包含的内容涉及社会活动的各个方面。群众文化活动的这种广泛性，决定着它的内容与形式的丰富多样性，也决定着它的运行方式的社会化。

群众文化活动在时间上的闲暇性，表明它在发生时间上的特点。闲暇时间即除劳动生产活动以外的自由支配的时间。闲暇时间是不被生产劳动吸收而用于娱乐和休息，从而为劳动者自由活动和发展开辟广阔天地的余暇时间。这种“用于娱乐和休息的”余暇时间，使群众文化活动的进行成为可能和必然，从而也使群众文化活动具有文化行为时间上的闲暇性。

闲暇是人们正常生活的重要组成部分，闲暇活动的自由支配是人格和谐、平衡发展所必需的；而闲暇文化娱乐活动是人格多样性发展和创造潜力充分发挥的重要途径。闲暇时间的文化活动因此得到迅速发展。特别是在工业化和城市化发展程度较高的社会中，它更为人们所注重。群众文化活动的闲暇性，又决定了闲暇文化活动十分突出的随意性。在完全属于自我的消遣性享受的群众文化活动中，主体可以比较任意地选择活动的内容，所以也有消极的一方面。社会的发展将使人们的闲暇时间越来越多，群众文化活动的闲暇性也将越来越突出，对其闲暇文化生活的调控与引导也因此而显得越来越重要。

群众文化活动的闲暇性，是指群众文化活动在劳动生产之余的空闲时间进行的特点。然而，在劳动生产之中也存在一些文化活动。比如茶农采茶时唱山歌、驾驶员行车时听音乐等。这种劳动生产过程中的文化生活现象，是否也具有闲暇性？这类文化活动处于从属的地位，其内容和形式直接受劳动生产方式的制约。它是消除疲劳和鼓舞精神的“辅助剂”，是不但不妨碍劳动生产而且直接服务于劳动生产的文化活动。从这种意义上，相对劳动生产而言，群众文化活动也具有闲暇性。

二、目的的功利性和效应的双向性

群众文化活动目的上的功利性有两种含义，即群众文化活动的功利目的和功利标准。所谓功利，是指功效和利益。群众文化活动目的的功利性，就是指主体期望通过文化活动获取有一定功效和利益的结果。纵观群众文化活动的发展史，所有群众文化活动无不与该民族、该地区的历史发展和现实生活密切相关，无不与一定范围内的政治、哲学、宗教、法律、道德等社会意识相关，因而无一例外地带有一种极为明确的功利性观念。在中国，早在舜的时代，群众文化活动的功利性就已被人们发现。据《竹书纪年》载：舜“元年己未即帝位，作《九韶》之乐。”舜还指出：“诗言志，歌永言，声依永，律和声，八音克谐，无相夺伦，神人以和。”可见，舜已认识到文化艺术不仅可以取悦神灵和歌功颂德，而且可用以教化百姓。随着对群众文化活动功利性认识的加深，历代统治阶级都把群众文化艺术作为维护统治的一种途径。对于人民群众来说，进行文化活动，也都自觉地带着娱乐审美、提高文化素养、消遣休息、美化生活、增智利寿等目的。群众文化活动的这种功利目的具有普遍的意义，任何人都是从精神需要出发而抱有一定的动机目的去展开群众文化行为的。

既然如此，人们也就自然地把一定的功利标准作为检查群众文化活动效应的基本原则。伦理范畴的功利主义传统认为，一种行为如果有助于增进幸福，则为正确的，如果导致产生同幸福相反的东西则为错误的，人的行动应当争取产生最好的结果。人们的群众文化活动的唯一目的也就是求得幸福，这种幸福除了涉及活动主体自身，还应涉及受其活动影响的他人。同时，这种幸福的获取还应当以不危害他人和社会为前提。以个人与社会的需要相结合的实际功效或利益作为群众文化活动的行为准则，就是群众文化活动的一个显著的功利性特点。

功利愿望与活动结果的不一致性以及活动目的的多样性，就带来了群众文化活动效应上的双向性，即具有性质相反的正作用与负作用两种效应的可能性。一般来说，凡属内容健康的群众文化活动，其所产生的是正作用，即正效应；反之，内容不健康的群众文化活动所产生的是负作用，即负效应。然而，一些群众文化活动的内容并不能简单地从性质上分为两类，其具有互相矛盾的两种属性，即一种活动客体中同时具有两种互相对立的性质。从这种意义上说，这些群众文化活动客体具有二重性。活动主体与其有益的一面或有害的一面相联系，将分别产生截然不同的作用；主体素质与动机在这时起了决定性的作用。此外，一定性质的群众文化活动产生一定性质的效应，都是就适当的程度而言的。量变会导致质变。超过一定限度的群众文化活动，其效应的性质也将发生变化。总之，群众文化活动效应是活动主体与客体因素相结合的产物；一项活动产生什么性质的效应，与活动客体有关，但决定因素是活动主体。

三、内容的丰富性与形式的多样性

群众文化活动内容的丰富性，是指群众文化的功能作用包含的实质和意义所涉及的方面广、种类多，是群众文化活动内容的量的特点。

作为群众文化核心要素的群众文化生活，其绝大部分是文学艺术性的文化生活。其中，民间的群众性文艺活动无疑是人们的文化生活内容；专业性质的文学家、艺术家们生产文艺产品，也都是以进入尽可能广阔的人民群众的文化生活为追求目的的，都毫无疑问地会通过各种途径和方式进入一定范围和层次的人民群众的文化生活之中。而这所有的文学艺术所能反映的客观现实生活，就构成了群众文化的基本内容。这种由客观的社会生活与文艺作品生产者主观情感相统一的文学艺术的内容，又无不内含一定的思想意义和表达一定的倾向。由此，不难理解群众文化活动的内容有着怎样的丰富性。

群众文化活动内容丰富性的成因，可以从两方面去探讨。一方面是人们的群众文化需求的多样性。从社会学的意义上说，人是自然属性和社会属性统一的实体。社会性不是生来就有的，人需要经历一个社会化的过程。一个人从一无所知的生物个体成为一个社会成员，必须学习和掌握一定的生活技能、必要的社会规范、社会角色要求和生活目标。这些，都可表现为群众文化的需求。从心理学的意义上说，在生理方面有劳动需要、健康需要、安全需要、繁衍需要等由物质生活需要同物质结合在一起的精神生活的需要，以及它们派生出来的其他具体需要；在心理方面有审美需要、学习需要、娱乐需要、交往需要、创造和自我表现需要等由社会性需要与个性心理结合在一起的精神生活的需要。这些，也都可表现为群众文化的需求。这种生理的、心理的群众文化需求的多样性是显而易见的。而要满足多样的群众文化需求，群众文化活动内容就必须是丰富多样的。

另一方面，群众文化具有满足人们各种文化需求的效能。综合性的群众文化的内容几乎涉及人类文化需求的所有方面，各种形态的社会客观现实生活，都可以直接或间接地在群众文化中得以表现。人们参与各种内容的群众文化活动，其文化需求可以直接或间接地获得一定程度的满足。从人的社会化的角度来看，群众文化的教化作用不仅渗透在家庭和社会两种途径的社会化中，也渗透在学校的社会化中。内容广泛的群众文化的这种几乎无所不及的覆盖面，可以使生活在各种社会环境中的最广大的人民群众的文化需求获得一定的满足。人的生理性和心理性文化需求的差异性是很大的，有着不同的年龄、职业、文化艺术修养、思想素质等的人们，各有不同的群众文化需求。而内容丰富并具有娱乐性、普及性特点的群众文化，可使他们各取其需，各行所适。可见，群众文化能够在一定程度上满足人们的各种文化需求。正因为如此，群众文化必然地被人们赋予十分丰富的内容。

上述论证表明，实质上是群众文化的全民性与群众文化的多功能性的有机统一，决定了群众文化活动内容的丰富性。

群众文化活动形式的多样性，指群众文化内容表现形态的样式繁多的特点。它不仅包含群众文化活动的类型和文化艺术的种类，也包含群众文化产品的内容组织结构和外部表现形态。

群众文化活动的形式之所以具有多样性，是由它自身的本质和发展规律所决定的。第一，群众文化活动的内容对形式具有决定作用。群众文化活动所涉及的广阔范围和众多方面的内容，都有与它相适应的存在方式和表现形态，从而形成其繁多的样式。第二，群众文化活动的形式具有相对稳定性。群众文化活动之所以能够形成并相互区别地存在，是因为它们各有其特殊规律和形式美的法则，具有其相对独立性。所以，在群众文化的发展过程中，新内容产生而形式并不一定随之产生，旧的形式也并不一定立即消失。往往是“旧瓶装新酒”，以老形式去为新内容服务。适应新内容的新形式的形成，比内容的变化要缓慢得多。但是，新形式的产生也不是以旧形式的消失为替换条件的，往往新旧并存。这样，群众文化活动的形式便在其传承中不断得以积累、增多而丰富多样。第三，社会因素的催发。一切群众文化活动形式都是一定的历史条件和现实条件的产物。具体地说，每一群众文化活动形式的形成，都与一定的政治、经济、地域、民族、风俗、信仰等构成的生态环境有着直接或间接的联系。相关因素多，并且它们都在发展变化之中，共同催发着群众文化活动形式的革新和演变。在现代社会，科学技术的不断进步，对群众文化活动的变换、创新更具有显著的促进作用。且不说群众体育活动从古时的投掷、射箭发展到今天数以百计的项目，群众文艺欣赏从古时的角抵百戏发展到了今天收音、录像、电视，高科技的电子、电脑也进入了群众文化生活领域，群众文化活动形式也由此而迅速增多。第四，主体因素的催发。从群众文化活动主体的横向看，人们的年龄、职业、文化素养、经济条件、风俗习惯等方面的差异，客观地要求群众文化以多样的形式去适应。而纵向观之，主体素质的进化则是群众文化活动形式多样化的根本因素。随着社会物质与精神文明程度的提高，人们的文化修养、志趣爱好、审美能力和思想感情等，都在朝着文明的方向不断进化。由此而带来的群众文化需求和群众文化活动内容的千变万化，也相应地决定着千姿百态的群众文化活动形式。

上述是群众文化活动的存在方式和动机行为实质等方面的基本特点。群众文化活动还有其他许多特点，比如从活动效益方面表现出来的知识性、信息性，从主体需要上看的自我表现性，从客体对象上看的综合性、普及性，由群众文化活动本质和活动时间所决定的非职业性、业余性，等等。它们有的并非群众文化活动的共同特点，有的从属于上述基本特点，或者是从局部或一般意义上说的特点，这里不再展开叙述。

第四节　群众文化活动的基本规律

人类社会群众文化活动熙熙而来，攘攘而往，形式繁多，新潮迭出，看似变幻无常，其实有其自身的规律。规律是不以人的意志为转移的客观过程的反映，是事物本质的内外联系。群众文化活动作为一个极其复杂的社会生活现象，与社会各个领域和方面有着多层次的联系，而基本规律所要探寻的是其内在的必然的本质联系。群众文化活动普遍的基本规律，一是作为内部规律的群众文化需要同群众文化活动相互制约的规律；二是作为外部规律的群众文化活动同社会客观条件相互制约的规律。它们都是在群众文化活动这一社会现象中辩证统一的客观存在。

一、群众文化活动的内部联系

群众文化需要与群众文化活动相互制约的规律，表现在两个方面。

第一，群众文化需要对群众文化活动具有决定作用。群众文化需要即人对精神文化生活的一种欲望和要求。群众文化活动的主体心理行为机制告诉我们，一切真正意义上客观存在的群众文化活动行为，都源自活动主体的精神需要，即决定于活动主体的以群众文化为内容的精神需要。这一群众文化活动的形成原理，又决定了需要与活动之间的一些规律性现象。一是“需求量与活动量不成正比，活动量低于需求量”。一般说来，人们的群众文化需求量总是先于群众文化活动的进行而递增，具有无限性，不能达到完全满足欲求的状态，因此其所进行的群众文化活动的量是低于需求的量。二是“需要的质与活动的质相一致”。人们的群众文化需要具有多层次的不同质的内容。按照马斯洛的需要层次说，依次分为生理、安全、归属和爱、尊重、自我实现五个层次。这种种需要，均可不同程度地直接或间接地从群众文化活动中获得一定的满足。

一个正常的社会个体有何种层次的需要，就选择何种内容的群众文化活动；一定时空条件下有何种性质的需要，就有何种相适应的群众文化活动。三是“需要差异与活动差异相一致”。活动主体由于所处自然环境、社会文化环境的不同和社会化程度的不同，存在着个体差异性，表现在群众文化需要上就会出现群众文化需要的类别、强度等方面的差异。这种需要的差异导致群众文化活动的动机、兴趣的差异，并由此决定了其所进行的群众文化活动也具有一致的差异性。群众文化活动的内容与形式的丰富多样性、活动与主体意愿的一致性，就是这些内部规律的表现。

第二，活动对需要的反作用。群众文化需要对群众文化活动具有决定作用，反过来，活动的开展又会作用于主体的群众文化需要。首先，主体在需要和动机作用下产生群众文化活动，而需要随其活动的实现获得一定期望程度的满足之后，接着又会产生新的群众文化需要。新的群众文化需要不仅表现为量的再次需求，而且是质的欲求的提高。从宏观上说，群众文化活动的发展是社会物质文明和精神文明进步的结果；而从微观上说，在群众文化活动中不断激发出来的新需要，是推动群众文化活动不断发展的直接动力。其次，群众文化活动的一次次进行，可以使主体不断提高群众文化活动的能力，形成良性循环。一定的群众文化活动能力，是主体的群众文化需要成为行为的必要条件；而这种能力的绝大部分往往只能在群众文化的实践中获得提高，提高了的活动能力又会作用于主体的群众文化需要以及动机、兴趣，刺激着主体的群众文化活动水平的上升。

可见，群众文化需要和群众文化活动的存在和变化，都是以对方的存在和变化为条件的。它们相互作用、相互制约，是辩证的统一。

二、群众文化活动的外部联系

群众文化活动和社会客观条件相互制约的规律，是具有相对性的外部规律。作为展开群众文化活动所必备的社会客观条件，从广义上讲是指社会物质文明与精神文明的总和所形成的群众文化活动的社会环境与物质载体，从狭义上讲单指社会的物质条件。这里仅就后者加以论述。从总体上看，人们从事的文化活动是在物质生产的基础上进行的。若无一定的物质载体条件的保障，文化活动的开展简直无从谈起，这是显而易见的事。群众文化活动发展水平越高，对物质条件的要求越高。群众文化活动发展主要表现为活动形式的创新和活动的普及，而新活动形式的诞生和活动的普及都离不开新的科技开发和物质性生产。如果说古代群众文化活动的展开主要是主体的审美意识活动，那么，现代和未来的群众文化活动则更多地依赖于科学技术的突破和物质条件的保障。社会物质生产对于群众文化活动的作用，还表现在由它转化而提供的活动必需的时间条件上。人们在必须将全部精力投入到物质生产劳动中时是无法进行文化活动的。只有在为了满足生存而必要的物质生产之外有较多的余暇时，才有文化活动展开的自由。社会的物质生活水平越高，用于生存的物质生产时间就越少，而可用于群众文化活动的时间就越多。所以说，社会的物质生产为群众文化活动提供了时间条件。此外，社会的物质生活状况也制约着群众文化活动的水平。一般地说，群众文化活动的水平，即群众文化活动的质与量，总是与社会物质生活水平成正比发展的，贫困、温饱、小康等不同的物质生活水平，决定着不同水平的文化生活。

然而，社会物质生产对群众文化活动的制约并不是绝对的，群众文化活动还有自己的相对独立性。其原因，一是群众文化活动有极强的适应性和历史的传承性；二是群众文化活动与道德、宗教信仰、风俗习惯等其他意识形态相关联，它们以不同方式对群众文化活动的发展起着作用。世界舞蹈史家克尔特•萨哈斯（Curt Sachs）在《世界舞蹈史》中说："令人十分不解的一个事实就是，作为一种高级艺术的舞蹈，在史前期就已经发展起来了。还在文明的初期，它就达到了其他艺术和科学所无法比拟的完美水平。在那个时期，人们普遍过着野蛮的群居生活……然而却创造出了使所有人类学家都感到吃惊的、难度较大而又很美的舞蹈艺术。”这个不解之谜的谜底，正是艺术生产与物质生产发展的不平衡关系的具体体现。

另外，群众文化活动也反作用于社会物质生产。不难理解，这种从群众文化活动的进行过程中释放出来的功能，归根结底都作用于活动主体，即作用于全体人民群众自己。作用的结果是使人们的思想文化素质不断提高，然后又作用于社会的物质生产。

综上所述，群众文化活动的构成方式说明，它无不是主体与客体的和谐统一，无不是形式与内容的和谐统一。所构成的群众文化活动总体是一个由活动总类、活动类型和活动样式等不同层次所组合的结构体系，是一个有机联系的系统。从群众文化活动的总体上看，它具有空间上的广泛性、时间上的闲暇性、目的上的功利性和效应上的双向性等存在方式和动机行为实质方面的特点。

第八章　新媒体时代我国群众文化活动的发展

第一节　新媒体时代的崛起

在媒体发展的历史中，每一次媒体技术的变革，都会导致新媒体的出现，特别是在知识爆炸、技术迅速更新的今天，各类新媒体层出不穷，新媒体的外延更是在不断拓展。在信息时代，不仅新的技术变革和物质形态的变化可以产生新媒体，新的软件开发、新的信息服务方式的推出，也可以称为一种新媒体的诞生。可以肯定，今天的新媒体在未来同样会被归到旧媒体的范畴。

一、新媒体时代的相关概念

（一）新媒体的定义

新媒体相对于传统媒体，是一个不断变化的概念，是在网络基础上的延伸。新媒体是媒介终端或功能创新的媒体。新媒体是新兴媒体，目前是“交互式数字化融合媒体”，向用户提供信息和娱乐等服务。信息技术是新媒体必要的技术保障，用户多元化、个性化的信息需求是新媒体产生的社会基础；新媒体改变着人们的生活方式，用户从以往的被动接受媒体到当下可自主传播。社会化媒体用户不仅是新闻的消费者，也是新闻内容的生产者、推广者，用户新闻信息传播系统发生“传—受”“受—传”的互动变迁，传统媒体必须动态把握用户。社会化媒体中的口碑量应作为传统媒体测评受众的补充。

本书所界定的新媒体是相对于报刊、广播、电视等传统媒体而言的。新媒体是一个宽泛的概念，从技术界定上看，新媒体是指依托数字技术、互联网技术、移动通信技术等新技术通过互联网、无线通信网、卫星等渠道向受众提供信息服务和娱乐服务的新型媒体。根据这个定义，新媒体的种类非常繁杂，目前受到较多关注的新媒体不下几十种，包括网络电视（Web TV）、网上即时通信群组、虚拟社区、播客、搜索引擎、电子邮箱、门户网站、手机电视、手机报、微博、微信等。其中有的属于新的媒体形式，有的属于新的媒体硬件、新的媒体软件、新的信息服务方式。

（二）新媒体的要素

不管人们如何定义新媒体，有一点是确定的，那就是相对于传统媒体，新媒体的形态是不断变化和延伸的，在现阶段其核心是数字式信息符号传播技术的实现。一般而言，新媒体的概念包含以下要素。

1.新媒体建立在数字技术和网络技术的基础上

新媒体主要是以计算机信息处理技术为基础，以互联网、卫星网络、移动通信等作为运作平台的媒体形态，它包括使用有线与无线通道的传送方式，如互联网、手机媒体、移动电视、电子报纸等。如果说传统媒体是工业社会的产物，那么新媒体就是信息社会的产物。

2.新媒体在信息的呈现方式上是多媒体

新媒体的信息往往以声音、文字、图形、影像等复合形式呈现，具有很高的科技含量，可以进行跨媒体、跨时空的信息传播。

3.新媒体在技术、运营、产品、服务等商业模式上具有创新性

新媒体不仅是技术平台，也是媒体机构。与传统媒体相比，变化的不仅仅是新媒体技术的运用，更有商业模式的创新。

二、新媒体时代发展的特点

近些年影响新媒体前景的两大主流媒体分别是网络媒体和移动媒体。移动传播媒介迅猛发展，已经成为人类生活必要的组成部分，其对人类生活方式的深远影响，恐怕是历史上任何一种传播媒介都无法比拟的。移动传播媒介凭借其独有的特点，已经成为有史以来增长速度快、普及程度高的新型传播手段，被誉为“第五媒体”。

新媒体是信息科技与媒体产品紧密结合的产物，新媒体带来的媒体创意新经济，使得原来传统媒体从规模经济转向了范围经济、共享经济等模式，各类高新技术手段不断创新着人类的支付方式，不同媒体通过尝试个性化的特质服务，皆试图把握一条独特的可持续发展之路。目前比较热门的新媒体，如智能手机，内载各类新媒体内容产品、新媒体软件创新产品，同时也属于新媒体硬件生产领域产品，其内含新的媒体经营模式。

（一）网络媒体的新媒体特性

1.传播上的快捷性和时间上的自由性

网络媒体可在瞬间将信息发送给用户。这实现了信息的“零时间”传播，消除了交流双方在时间上的间隔，使信息的交互传播突破了时间限制。新媒体迎合了人们休闲娱乐时间碎片化的需求，满足了人们随时随地进行互动性表达和娱乐的需要，人们使用新媒体的目的性与选择的主动性更强。因此，数字化新媒体一出现就吸引了各个年龄段、不同阶层群众的注意力，在很大程度上挤占了人们休闲娱乐活动的时间。新媒体无形中改变了人们与生活对话的方式。

2.传播的全球性和空间上的无限性

网络可以连通世界上任何一个国家和地区，并且还拥有数量庞大的动态网络用户，新媒体利用连接全球电脑的互联网和通信卫星，使网络上的任何信息资源都可以被全世界的网民看到，使信息传播者可以针对不同的受众提供个性化的服务。从这个意义上来讲，网络是唯一的全球性信息传播媒体。可以说，全球互通的网络有多大，网络传播的空间就有多大，完全打破了地理区域的限制。只要有相应的信息接收设备，用户在地球的任何角落都可以接收到新媒体传播的信息。此外，无线网络的发展，还使新媒体摆脱了有线网络的限制，用户可以随时随地接收信息。

3.传播的交互性和方式的多样性

在传统的传播理念中，传播方式是单向的，双方无法随时随地进行反馈和沟通。而新媒体网络则突破了这一传统传播模式的限制，增强了传播者与接收者之间的互动性。传播者可以连接网上任一用户，实现网络信息资源共享，受众不再仅仅是信息的接受者，同时也是信息的传播者。交互性使传播者和接受者极易进行角色转换，这种双重身份的角色使受众可以畅所欲言，利用网络工具进行及时反馈和有效沟通交流，实现互动，真正实现了信息的双向交流。

（二）移动媒体的新媒体特性

移动媒体通常是指无线传播的短消息、多媒体短消息和手机电视等媒体形式。移动媒体与传统媒体、网络媒体相比，具有独特的性质，主要表现在以下几个方面。

1.表现形式的丰富性

移动媒体的表现形式兼具了传统媒体与网络媒体的优势，通过文字、图像、影音、动画等多种表现形式向用户传递信息。其传递的信息声情并茂，使得信息更加丰富和饱满，同时也增强了用户的多媒体体验。

2.使用的便携性和成本的低廉性

用户可以根据自己的需求，随时对信息进行检索和筛选，并可随时制订和退订所需要的信息，使用便捷，可提高效率并节约时间。

3.复合性与个性化服务

互联网传播实现了信息传播的图、文、声一体化，它将文字、图像、声音、视频、音频等完全融合。其复合性也充分体现了传播形态的多样性特点。它将报纸、电视、广播的传播手段与传播方式融为一体，其形式的多样化是前所未有的。它将各种接收终端、各种传输渠道、各种信息形态整合在一起。用户可以随时针对信息的内容与信息的传播者或者其他的信息受众进行信息探讨和交流，并可通过意见反馈等形式修正、补充和完善信息资源，以满足用户的个性化需求。它将目标受众按年龄、性别、种族、社会地位、文化程度、兴趣爱好、专业程度等标准划分为一个个群体，从而有针对性地为这些不同的群体提供个性化信息服务。

第二节　我国群众文化活动的时代价值

群众文化活动是人民群众参与文化、享受文化的重要方式，是满足新媒体时代人民群众美好生活需要的文化载体。在新媒体时代广泛深入地开展群众文化活动具有重要意义。

一、开展群众文化活动，是弘扬核心价值观、凝聚中华民族奋斗精神的有效载体

群众文化活动是广大人民群众喜闻乐见的文化形式，是弘扬社会主义核心价值观、建设各族人民共同精神家园的文化载体。

在我国城乡蓬勃开展的群众文化活动，以群众喜闻乐见的文艺形式，深入

浅出地讲解社会主义核心价值观，引导群众深刻理解社会主义核心价值观的价值目标、价值取向、价值准则，激发了广大人民群众的自强意识和奋斗精神，有助于建设中华民族共同的精神家园，增强中华民族的向心力和凝聚力，不断提升国家的文化软实力。

在庆祝中国共产党成立 100 周年等重要活动期间，全国各地纷纷组织开展形式多样的主题性群众文化活动，以文艺的形式宣传中国共产党为了争取民族独立和人民解放、实现中华民族伟大复兴而不懈奋斗的百年光辉历程，积极传播革命文化和社会主义先进文化，巩固了全国各族人民团结奋斗的共同思想基础。

弘扬社会主义核心价值观，凝聚中华民族奋斗精神，在全面建设社会主义现代化国家新征程、实现中华民族伟大复兴的道路上，展现文化的凝聚力，展示文化的软实力，便是群众文化活动的时代价值所在。

二、开展群众文化活动，是传承优秀传统文化、坚定中华文化自信的有效途径

文化是一个国家和民族精神的历史延续，优秀的传统文化是一个国家和民族的文化在精神层面的集中体现。群众文化活动的时代价值，在于传承我国优秀传统文化，坚定文化自信，围绕举旗帜、聚民心、育新人、兴文化、展形象的使命任务，在满足人民群众精神文化需求的同时，增强人民群众的精神力量，推进社会主义文化强国建设，向世界展示中华文化的博大精深和蓬勃生命力，展示我国的文化软实力。

中华传统文化是五千年中华文明生生不息的思想沃土和精神根脉。我国源远流长的优秀传统文化，是我们实现文化自觉和自信的精神基础。树立中国特色社会主义文化自信，建设社会主义文化强国，必须深入了解中华优秀传统文

化，弘扬和传承优秀传统文化，推动优秀传统文化在新媒体时代创造性转化、创新性发展，推动中华文化在新媒体时代繁荣发展。

传统节日文化活动是中华文化的有机组成部分，是中华民族弥足珍贵的历史文化遗产。在传统节日开展丰富多彩、具有民族特色和地域特点的群众文化活动，展示我国传统文化恒久的生命力，让广大群众耳濡目染、参与其中，感受优秀传统文化的独特魅力，这有助于弘扬中华民族悠久的历史文化，强化中华民族的向心力，增强中国人民的历史使命感，提高人民群众的文化自信心。

三、开展群众文化活动，是推进乡村社会治理、实现乡村振兴的有效路径

实施乡村振兴战略，是党的十九大作出的重大决策部署，是决胜全面建成小康社会、全面建设社会主义现代化国家的重大历史任务，是解决新媒体时代我国社会主要矛盾、实现“两个一百年”奋斗目标和中华民族伟大复兴中国梦的必然要求。

乡村文化振兴是乡村振兴的重要组成部分，是推进乡村社会治理的有效抓手。在乡村社会治理中，可通过组织开展群众文化活动，丰富农民群众的精神文化生活，发挥文化的价值引领作用，助推乡村全面振兴。

必须充分发挥农民在乡村文化建设中的主体作用，通过广泛开展“乡村春晚”等深受农民喜爱的群众文化活动，宣传党和国家的方针政策，宣传身边的最美人物，宣传乡村社会传统美德和社会公德，弘扬社会主义核心价值观，宣传法律法规和村规民约，形成知荣辱、讲正气、自觉履行法定义务及社会责任和家庭责任的乡风，促进乡风文明建设，激发农民群众参与乡村社会建设的自觉性，使其积极参与乡村振兴的伟大实践。

在乡村治理方面，群众文化活动以艺术的感染力、文化的感召力拓展乡村

群众的公共文化生活空间，增进乡村群众间的交往沟通，密切乡村干部与群众之间的关系，是社会转型期加强和创新乡村治理的重要方式。

四、开展群众文化活动，是化解社会主要矛盾、满足人民群众美好生活需要的应有之义

党的十九大报告指出：“中国特色社会主义进入新时代，我国社会主要矛盾已经转化为人民日益增长的美好生活需要和不平衡不充分的发展之间的矛盾。”人民日益增长的美好生活需要，不仅包括物质方面和安全方面的需要，也包括精神文化方面的品质化需要。

当前，我国城乡开展的群众文化活动，在一定程度上回应了群众在精神文化方面的需要。城市里的“市民文化节”“外来青工文化节”等参与者众多、覆盖面广的群众文化活动，为人们展示自身才艺和积极向上的精神风貌，提供了广阔的文化舞台。每年春节期间各地开展的“乡村春晚”活动，既是展示乡村群众文化智慧和艺术才华的舞台，也是其乐融融的乡村社交空间，成为乡村群众春节期间的文化盛事。此外，各地文化馆也纷纷借助迅速发展的移动互联网，组织开展线上线下相结合的群众文化活动。

在城市和乡村开展的群众文化活动，特别是线上线下相结合的群众文化活动，拓宽了城乡群众参与文化活动的途径，丰富了广大群众的精神文化生活，提升了人民群众的文化获得感，体现了群众文化活动的时代价值。

第三节　新媒体时代我国群众文化活动的新特征

传播方式的在线化、文化形式的多样化、组织参与的社会化、服务主体的自主化、活动频次的常态化，这些具有时代特点的文化新特征，构成了新媒体时代我国群众文化活动充满生机活力的文化景观。

一、从传播方式看，具有从线下文化活动到线上直播录播的在线化特征

在移动互联网时代，各地文化馆纷纷开展线上线下相结合的文化活动，通过将线下的文艺演出活动与网络直播、录播相结合，扩大群众文化活动的受众覆盖面与社会影响力。

2017 年以来，文化和旅游部全国公共文化发展中心以“百姓大舞台”直播活动为抓手，引领副省级以上文化馆参与“百姓大舞台”直播活动，有力地促进了全国各地群众文化活动网络直播的开展。在新媒体时代，各地文化馆十分重视数字化服务，纷纷组织开展“云演出”“云展示”等线上直播活动，为广大群众提供在线文化服务，让广大群众足不出户就能观看文化馆的文化活动直播，同时还能进行互动交流。

在移动互联网时代，群众文化活动从“现场展示”向“线下体验与线上直播相结合”转型，这已经成为新媒体时代群众文化活动的典型特征。

二、从文化形式看，具有从传统文化展示到传统与时尚融合的多样化特征

一方面，当前的群众文化活动中蕴含着与传统节日密不可分的中华民族传统文化。这些优秀的民族传统文化，以传统节日为文化载体，传承着源远流长的民族文化传统与中华文化基因。在文旅融合的背景下，这些传统节日文化活动，受到了当地政府的重视和广大群众的欢迎，在新媒体时代依然具有旺盛的生命力。

另一方面，现代时尚的群众文化活动在城市兴起，成为年轻人乐于参与的文化活动。深圳市福田区举办的“星空音乐会”、龙岗区举办的“小弹唱 LIVE”、天津市群众艺术馆举办的“梦想家”系列文化活动，均聚焦年轻人的文化需求，旨在让年轻人在这些群众文化活动中，感受街头文化，欣赏流行音乐，领略“二次元”的文化魅力。

源远流长的传统文化活动与现代时尚的潮流文化活动，满足了不同群体多样化、品质化的精神文化需求，丰富了新媒体时代群众文化活动的形式。群众文化活动中传统与现代相映成辉，成为这一时期群众文化活动的显著特征。

三、从组织机制看，具有从文化部门主办到社会力量参与的社会化特征

从组织机制看，文化馆等政府文化服务机构是群众活动组织的主体，在公共文化服务中起主导作用。随着人民群众精神文化需求的日益增长，群众文化活动呈现出常态化的发展趋势。社会力量参与公共文化服务，成为新媒体时代激发公共文化服务活力、提升公共文化服务效能的重要途径。

文化馆等公共文化服务机构策划群众文化活动，搭建社会力量参与平台；文化类社会组织和市场主体有序参与群众文化活动的组织工作。二者在群众文化活动开展方面，优势互补、形成合力，丰富了群众文化活动的形式和内容。

风生水起的文化志愿服务活动，以及社会力量参与的市民文化节等活动，改变了以往组织群众文化活动过程中政府文化部门“大包大揽”的局面，文化活动的承办主体更加多元，文化活动的形式更加多样，公共文化服务效能显著提高。

四、从文化主体看，具有从送戏下基层活动到自我文化展示的自主性特征

当前的群众文化活动，已经从“供给式”文化服务向“订单式”文化服务转变，向自我文化展示的自主性转变。

起初，文化馆开展的送戏下基层活动是先由文化馆组织排练好文艺节目，再到基层进行巡演，基层群众仅仅是观众，没有话语权和选择权；现在，文化馆转变了服务机制，实行文化下基层演出的点单机制，使基层群众拥有了文化选择权，体现了文化活动的群众主体性特征。

当前，“乡村春晚”的蓬勃兴起，基层群众文化活动的常态化开展，均反映了物质生活进入小康社会之后，基层群众对美好生活的期待。他们更愿意站在舞台上，展示文艺才能和文化自信。这代表着基层群众主体意识的觉醒。

五、从活动频次看，具有从传统节日文化活动到泛节日化的常态化特征

当前的群众文化活动，已经从只在传统节日组织开展向常态化组织开展转变。

以往，文化馆大多只在传统节日和重大节庆时才组织开展群众性的文化活动，此类活动具有鲜明的节日性和主题性。如今，群众文化活动早已不局限于在节庆日举行，而是趋于常态化，艺术欣赏活动、摄影创作活动、广场舞活动等群众自发组织的文化活动均已成为日常文化现象。

群众文化活动之所以趋于常态化，一方面是因为各级文化馆多年来致力于全民艺术普及，培养了众多基层群众文艺团队，另一方面是因为广大群众对精神文化的需求越来越旺盛，参与群众文化活动，在一定程度上满足了基层群众的艺术审美需求、情感共鸣需求和社交需求。

第四节　新媒体时代我国群众文化活动的发展机遇与面临的新挑战

一、新媒体时代我国群众文化活动的发展机遇

（一）文化强国战略的实施给群众文化活动广泛深入开展带来新机遇

党的十九届五中全会从战略和全局的高度对文化建设进行了规划，明确提出到 2035 年建成文化强国。这是党的十七届六中全会提出建设社会主义文化强国以来，党中央首次明确建成文化强国的具体时间表。

建设社会主义文化强国，为公共文化服务高质量发展明确了新使命，为群众文化活动的蓬勃发展带来了新的机遇。弘扬社会主义核心价值观，坚定文化自信，围绕举旗帜、聚民心、育新人、兴文化、展形象的使命任务，广泛深入开展群众性文化活动，弘扬党和人民在各个历史时期奋斗中形成的伟大精神，增强人民精神力量，进一步提升中华文化影响力，增强中华民族凝聚力，不断丰富人民群众精神文化生活，是群众文化活动承载的使命。

大力推进文化强国建设，对广泛深入开展群众性文化活动，提出了明确的时代要求，也提供了极好的发展机遇。

（二）人民群众美好生活需求对群众文化活动广泛深入开展提出了新要求

党的十九届五中全会提出，坚持以人民为中心。坚持人民主体地位，就要始终做到发展为了人民、发展依靠人民、发展成果由人民共享，维护人民根本

利益，激发全体人民积极性、主动性、创造性，促进社会公平，增进民生福祉，不断实现人民对美好生活的向往。

以人民为中心，努力满足人民群众对美好生活的新期待，要求各级文化馆从人民群众的精神文化需求出发，策划开展具有鲜明时代特点、浓郁地域特色的群众文化活动。根据不同群体的文化特点，组织开展深受群众欢迎的各类文化活动。既要围绕重大节庆日，策划开展具有影响力和参与度的大型群众性文化活动，营造喜庆祥和的节日文化氛围，又要充分利用公共文化场馆、文化广场，开展常态化的群众性文化活动，让广大群众共享公共文化服务发展成果。

新媒体时代人民群众对美好生活的需要，对群众文化活动提出了多样化、品质化的要求，有助于促进群众文化活动高质量发展。

（三）现代信息技术发展、文化科技深度融合给群众文化活动广泛深入开展带来新机遇

充分发挥互联网平台的传播优势，扩大群众文化活动的影响力，提高群众的文化参与度，已经成为各级文化馆数字化服务的重要内容。

互联网和现代信息技术的发展为广泛深入开展群众文化活动带来了新的机遇，主要体现为将线下群众文化活动与线上平台直播相结合，让广大群众通过互联网足不出户地观赏正在线下进行的群众文化活动，有效地促进了城乡公共文化服务的均等化。线上直播逐渐成为未来群众文化活动的发展趋势，为广大群众参与文化活动、享受艺术熏陶提供了更多的机会。

互联网和现代信息技术的发展，为广泛深入开展群众文化活动带来了新的机遇，还体现在文化馆利用互联网进行用户管理、利用大数据精准识别群众多样化的文化需求、有针对性地策划群众喜爱的各种形式的文化活动等诸多方面。文化馆可以通过用户反馈，获取群众对开展文化活动的意见和建议；通过数据分析，科学评价群众文化活动的服务成效，为开展高质量的群众文化活动提供有益的信息。

（四）公共文化服务立法深入推进，为群众文化活动广泛深入开展带来了新机遇

2017 年 3 月 1 日起实施的《中华人民共和国公共文化服务保障法》（以下简称《公共文化服务保障法》）是公共文化服务领域具有“四梁八柱”性质的基础性法律。

《公共文化服务保障法》对广泛深入开展群众文化活动提出了具体的法律要求，这些要求集中在第三章“公共文化服务提供”部分，共涉及 9 项条款。该法律文本，不仅要求各级人民政府“支持开展全民阅读、全民普法、全民健身、全民科普和艺术普及、优秀传统文化传承活动”，而且还以列举的方式具体规定了国家、地方人民政府、国家机关、社会组织、企事业单位在开展群众文化活动中的法律责任，彰显了国家保障人民群众基本文化权益的立法目的，为各地广泛深入开展群众文化活动提供了法律保障。

各地陆续出台的公共文化服务保障条例，以及地方公共文化服务标准目录，为基层群众文化活动制定了相应的数量标准。在国家和地方文化立法的背景下，群众文化活动迎来了新的发展机遇。

二、新媒体时代我国群众文化活动面临的新挑战

“十四五”期间，我国群众文化活动迎来了新的发展机遇，同时也不可避免地面临着新的挑战。

（一）群众文化需求多样化、品质化带来的新挑战

新媒体时代，群众的文化需求已经从过去仅关注“有没有”，转变为现在关注文化活动的品质；从过去满足于传统的文化活动样式，转变为现在期待多样化的文化活动内容和形式；从过去仅局限于参加传统节日活动，到现在期待文

化活动的常态化。

新媒体时代人民群众多样化、高品质的文化期待，为文化馆等公共文化机构带来了新的挑战，包括：如何利用现有的公共文化场馆和专业服务力量，提高公共服务效能，开展多样化的群众文化活动？如何吸引年轻人走进文化场馆，享受高品质的文化艺术？如何从群众文化需求出发，在群众文化活动方面推进城乡之间、不同群体之间的公共文化服务均等化？

群众文化需求的多样化、品质化，对文化馆等公共文化服务机构提出了新的要求，也从文化角度对化解新媒体时代人民日益增长的美好生活需要和不平衡不充分的发展之间的矛盾提出了新的期待。

（二）群众文化活动数字化带来的新挑战

当前，数字化服务成为文化馆提高服务效能的重要途径。伴随着互联网的发展，线上体验与线下推广相结合已经成为群众文化活动的发展趋势。广大群众通过手机移动终端报名参与群众文化活动，收看群众文化活动的直播、录播，参与群众文化活动的网络互动，是现在乃至未来的文化新常态。群众文化活动的数字化，有效地拓展了群众参与文化活动、共享艺术成果的空间，丰富了公共数字文化资源。

群众文化活动的数字化发展，为文化馆等公共文化服务机构带来了新的挑战。目前文化馆数字化专业力量极为有限，数字化服务水平还有很大的提升空间，创新能力还不适应高质量发展要求。在数字化时代，各级文化馆的公共文化服务正处在转型期，未来还有很大的发展潜力。

（三）群众文化活动组织社会化带来的新挑战

随着社会的发展，人民群众对精神文化生活的需求呈现出个性化、多样化、品质化的特点，单是依靠现有公共文化服务机构有限的人员编制和服务力量，不足以满足群众的精神文化需求。解决这个问题的有效路径之一，就是大力推进公共文化服务社会化，激发各类社会主体参与公共文化服务的积极性。

现实的问题是，虽然社会组织与公民在参与公共文化服务方面具有极大的发展潜力，但却缺少相应的参与机制与服务平台。文化馆等公共文化服务机构也意识到了社会化参与的重要性，并进行了一些初步的探索，但能有效激发社会各界参与公共文化服务的积极性，引领社会力量一起组织开展群众文化活动的办法不多，群众文化活动的社会化参与机制和评价激励机制还有待建立与完善。

第五节　新媒体时代我国群众文化活动的高质量发展机制

新媒体时代我国群众文化活动必须坚持以人民为中心的服务理念，把握开启新征程、开创新局面的主基调，聚焦建成文化强国的主目标，掌握维护意识形态安全的主导权，唱响主旋律，提倡多样化，围绕着群众文化活动高质量发展这个主题，不断丰富人民群众精神文化生活，汇聚全面建设社会主义现代化国家的强大文化力量。

一、建立和完善与群众文化活动高质量发展相适应的需求反馈机制

需求反馈机制是指在群众文化活动供给方和公众之间，建立一个双向互动的信息流动和反馈系统，用以传播和获取群众文化活动的需求信息，实现群众文化活动与公众需求的有效对接。

（一）建立和完善文化需求表达机制

各级文化馆必须树立服务理念，建立群众文化需求表达机制。一是要拓宽反馈途径，通过在文化馆网站设立电子邮箱、在新媒体开通留言反馈功能等方式，使群众的文化需求能够便捷、高效地传递；二是要调动社会组织，特别是文化类社会组织、群众文化社团的积极性，通过固定的、便捷的信息渠道，反映群众的文化心声，表达他们的文化诉求。文化馆要及时对群众反馈的文化需求信息做出回应，以形成文化需求表达的良性互动。

（二）建立和完善文化活动点单机制

公共文化服务必须保障群众的知情权，推出“点单式”服务、“订单式”服务。“点单式”服务，让基层群众从文化馆等政府文化服务机构提供的服务菜单中，自主选择文化活动的形式和内容；“订单式”服务则是指文化馆根据基层群众的文化需求开展精准化的文化服务活动。文化活动的点单机制和订单机制，有利于实现群众文化活动与公众文化需求的精准对接，提高人民群众的文化获得感和满意度。

（三）建立和完善文化需求调研机制

各级文化馆要通过开展基层调研、召开座谈会、进行网络调查等多种形式，了解新媒体时代群众个性化、多样化的文化需求；要善于从群众的抱怨声中发现问题，了解群众的文化新期待；要以需求为导向，不断对群众文化活动进行创新、升级，形成深受群众喜爱的文化活动品牌。

（四）建立和完善文化需求研究机制

各级文化馆要及时收集信息、定期分析信息，通过对群众的文化需求进行分析研究，掌握群众文化需求的新动向，优化文化资源配置；要对群众的反馈信息进行及时、有效和公平的处理，既要关注基层群众共性的需求，又要研究解决不同群体多样化的文化需求。

二、建立和完善与群众文化活动高质量发展相适应的社会参与机制

公共文化服务社会化是时代发展的必然趋势，也是各级文化馆面临的崭新课题。文化馆在充分发挥公共文化服务主体作用的同时，要引导社会力量参与公共文化服务，为人民群众提供多样化、高质量的文化活动。

（一）建立和完善文化活动项目采购机制

推动公共文化服务社会化参与，必须在公共文化服务领域建立政府向社会力量购买公共文化服务的机制，鼓励和引导社会力量参与公共文化服务，调动各种市场主体、文化类社会组织的积极性，实现公共文化活动供给主体、供给方式的多元化。目前要解决的难题是，线上线下相结合的公共文化服务和产品采购大会（以下简称“文采会”），如何与传统的政府采购进行有效衔接，以提高文采会现场的成交量。

（二）建立和完善社会主体文化参与机制

要进一步深化政府主导、社会参与、群众受益的文化活动组织机制，由文化馆等政府文化部门搭建文化节等活动平台，培育和鼓励各类社会主体参与，不断探索群众文化活动社会化参与、项目化运作、品牌化发展的新路径。要探索群众文化活动的社会力量举办申报机制，完善多元主体参与公共文化服务的机制，促进群众文化活动举办主体和活动方式的多元化。

（三）建立和完善文化志愿服务参与机制

各级文化馆要建立文化志愿者培训机制、管理机制、激励表彰机制、服务保障机制、服务活动参与机制，发挥文化志愿者组织的积极性和创造性，不断优化文化资源配置，优化文化服务供给，策划开展主题鲜明、富有特色、群众喜闻乐见的文化志愿服务活动。

（四）建立和完善各类媒体平台的参与机制

若想提高群众文化活动的覆盖面，各级文化馆既要重视与纸质媒体、电视台等传统媒体的合作，也要重视与新媒体平台的合作。要探索群众文化活动的媒体平台合作参与机制，尤其是要探索与新媒体平台的合作机制，以扩大群众文化活动的社会影响力。

三、建立和完善与群众文化活动高质量发展相适应的管理协调机制

实现群众文化活动高质量发展，应该建立和完善群众文化活动全国联动的有效机制，扩大群众文化活动的社会影响力。

（一）建立和完善重大主题性群众文化活动的全国联动协调机制

要建立联动机制，加强统筹协调，整合行业力量，明确职能分工，优化实施流程，扩大社会影响，策划组织全国性的群众文化活动，展示党的百年光辉历程，讴歌在党的领导下中华民族从站起来、富起来到强起来的历史征程，不断使党员增强“四个意识”、坚定“四个自信”、做到“两个维护”。

（二）建立和完善“乡村春晚”、全民广场舞活动、群众歌咏活动的全国联动机制

要在全国范围内建立和完善“乡村春晚”、全民广场舞活动、群众歌咏活动等群众性文化活动的联动机制。完善全国性群众文化活动领导、组织、执行、评估、激励等方面的机制，实现文化馆体系内组织的高效运作，确保群众性文化活动全国“一盘棋”，突出主题，协调各方，充分展示我国群众文化的蓬勃活力。

（三）建立和完善群众文化活动高质量发展的管理机制

要建立有利于群众文化活动高质量发展的考核评价机制，以鼓励文化服务创新、提高公共文化服务效能为导向，激发专业人员的文化创造性，策划开展具有时代性、创新性的群众文化活动。要加强群众文化活动的过程管理，完善群众文化活动的安全管理机制。

四、建立和完善与群众文化活动高质量发展相适应的文化共享机制

当前，在推进群众文化活动开放共享的过程中，文化馆要建立和完善与移动互联网时代群众文化活动高质量发展相适应的共享机制。

（一）建立和完善文化活动线上线下结合的推广机制

群众文化活动线上线下相结合是发展趋势。群众文化活动线上体验与线下推广相结合，将拓宽群众文化活动的辐射范围，降低公共文化服务成本，提高公共文化服务效能。因此，要建立和完善群众文化活动线上线下相结合的推广

机制，不断完善群众文化活动直播规范，提高群众文化活动直播的水平，拓宽公共文化服务的覆盖面。

（二）建立和完善优秀群众文化活动直播联动机制

要建立和完善优秀群众文化活动直播联动机制，利用国家公共文化云和省、市文化馆的数字服务平台，遴选和整合各地的优秀群众文化活动直播资源，构建运行通畅、合作共享的直播体系。既要构建纵向的直播组织体系，又要构建各省、市文化馆之间的直播联盟，以实现优势互补、资源互通，发挥各地文化馆的传播优势，促进各地群众文化活动网络共享。

（三）建立和完善群众文化活动直播数据分析机制

推动群众文化活动的高质量发展，必须建立和完善群众文化活动直播数据分析机制，运用大数据技术对群众文化活动直播数据进行采集和深度分析，精准识别不同群体的多样化文化需求，促进对群众文化活动直播的预热宣传和精准推广，不断优化群众文化活动。

五、建立和完善与群众文化活动高质量发展相适应的激励及宣传推广机制

要建立和完善群众文化活动激励推广机制，推动各地群众文化活动的项目化运行、品牌化发展，催生一批群众文化活动品牌，推动群众文化活动创新发展。

(一)建立和完善与群众文化活动高质量发展相适应的激励机制

广泛深入开展群众文化活动，不断满足人民群众多样化、品质化的需求，

必须提升公共文化服务水平，大力建设群众文化活动品牌。

要建立优秀群众文化活动品牌表彰机制。遴选和表彰一批具有时代特征、地域特色的群众文化活动品牌，以便在系统内起到典型示范和品牌引领作用，在社会上扩大群众文化活动的知名度。

要建立文化和旅游志愿服务项目大赛机制。各级文化和旅游志愿服务项目大赛，既是交流各地文化志愿服务建设最新成果的平台，也是引领文化志愿服务创新发展的引擎。可通过项目大赛，孵化出一批文化志愿服务活动品牌。

（二）建立和完善与群众文化活动高质量发展相适应的宣传推广机制

建立和完善群众文化活动品牌宣传推广机制，是推动群众文化活动高质量发展的有效措施。

要建立年会宣传推广机制。发布全国群众文化活动年度十佳，分享群众文化活动品牌的典型经验，结合业内专家的点评和主旨演讲，加深文化馆行业对群众文化活动品牌的深刻理解，指导各地群众文化活动品牌建设实践。

要建立现场会推广机制。遴选具有创新性、引领性的群众文化活动品牌，以现场会的形式进行创新经验推介，使与会者切身感受当地群众文化活动品牌的具体做法与典型经验。

要利用出版物进行宣传推广。总结提炼群众文化活动品牌特色与创新亮点，编写、出版群众文化活动品牌案例，推广群众文化活动品牌的创新实践和鲜活经验。

要建立和完善群众文化活动品牌宣传推广机制，引导各级文化馆根据自身的文化资源和文化优势策划开展有特色、有创意的群众文化活动，推动群众文化活动在新媒体时代的蓬勃发展。

第九章　新媒体背景下群众文化推广

第一节　新媒体视角下的群众文化

新媒体具有传播速度快、范围广、互动性强等特点，能很好地消解不同阶层之间、不同年龄段之间、不同话语系统之间及不同文化背景之间的边界，为丰富的群众文化的传播与传承提供一个良好的工具和载体。当然，新媒体在文化传承方面所发挥的作用与产生的影响还需要我们进一步思考，但至少目前可以看到，通过新媒体，更多的人参与到了群众文化活动中来。在新媒体时代，我们要学会利用新媒体，从全新的视角，充分展示地区群众文化工作建设的成果，充分展示地区良好的精神风貌、丰富多彩的群众文化；要高度重视新媒体板块的群众文化建设工作，努力使新媒体真正成为满足广大人民群众日益增长的精神文化需求的主渠道、主阵地，同时使其成为一个与业界共同合作、共同发展、多方共赢的平台；要充分发挥新媒体的互动性和快捷性，搭建起与群众之间的桥梁，开展群众文化活动相关工作。新媒体的发展不仅加快了群众文化的传播速度，而且提升了其传播力度和广度，提高了其传播质量和品位。新媒体技术在群众文化工作中发挥了积极的作用，有效地促进了群众文化的传承和发展。因此，在新媒体视角下，我们对群众文化有了新的要求和看法。

一、新媒体视角下的群众文化要注重创新

新媒体时代的文化软实力建设要重点抓好理念创新、手段创新，努力以思想认识新飞跃打开工作新局面。

第一，理念创新要强化互联网思维。这需要从以下几方面着手：一要建设网络强国，即要有过硬的技术，要有丰富全面的信息服务、繁荣发展的网络文化；要有良好的信息基础设施，形成实力雄厚的信息经济；要有高素质的网络安全和信息化人才队伍；要积极开展双边、多边的互联网国际交流合作。二要保障网络安全，要以安全保发展、以发展促安全，努力建久安之势、成长治之业。三要依法治理网络空间，即要抓紧制定立法规划，完善互联网信息内容管理、关键信息基础设施保护等法律法规，依法治理网络空间，维护公民合法权益。四要创新互联网技术，即要制定全面的信息技术、网络技术研究发展战略，下大气力解决科研成果转化问题，要积极出台支持企业发展的政策，让这些企业成为技术创新的主体，成为信息产业发展的主体。

第二，方法创新要胸怀大局、把握大势。胸怀大局就是要胸怀国内和国际大局、党和国家工作大局、全面深化改革大局。把握大势就是要做到因势而谋、应势而动、顺势而为，而要因势而谋，就要提高洞察力，要应势而动，就要提高应变力，要顺势而为，就要提高驾驭力。只有根据环境、条件变化创新工作理念、手段和内容，不为条条框框所限，不为没有先例所困，才能使文化软实力建设融入时代潮流，才能解决现实问题，才能在顺势而为中有突破、有创新、有成效。

二、新媒体视角下的群众文化要注重融合

新媒体是相对于传统媒体而言的，是继报刊、广播、电视等传统媒体发展起来的新的媒体形态，是利用数字技术、网络技术、移动技术，通过互联网等渠道及电脑、手机、数字电视等终端，向用户提供信息和娱乐服务的传播形态和媒体形态。当前，大量社会热点在网上迅速生成、发酵、扩散，新兴媒体话题设置、影响舆论的能力日渐增强，传统媒体的舆论引导能力面临着严峻的挑战。推动传统媒体和新兴媒体融合发展，要遵循新闻传播规律和新兴媒体发展规律，坚持以先进技术为支撑、内容建设为根本，推动传统媒体和新兴媒体的深度融合，形成立体多样、融合发展的现代传播体系，要一手抓融合，一手抓管理，确保融合发展沿着正确的方向推进。

为此，我们必须建立科学有效的媒体管理体制。推动媒体融合，必须坚持发展、融合、管理并进，要对网上网下、不同业态进行科学管理、有效管理，努力提高管理的科学化水平，使传播秩序更加规范。

三、新媒体视角下的群众文化要满足群众的基本文化娱乐需求

当今世界正处在大发展时期，互联网的发展和新媒体的建设已经引起了人们的高度关注，新媒体在促进整个社会文化发展和创新的同时，加剧了世界范围内各种思想文化的交流、交融、交锋，网络也正在成为各种社会思潮、各种利益诉求汇聚的平台，成为社会各阶层利益表达、情感宣泄、思想碰撞的重要载体。我们必须准确把握新媒体的发展带来的新机遇、新挑战。一切事物都在向着高速化和信息化的方向发展，文化建设也要紧贴时代的需求。在文化建设当中，最为基础的就是群众文化建设（群众文化建设是指以群众为文化的主要

受众群体，在群众当中开展，以增强群众文化素质、满足群众文化娱乐需求为目的的文化建设事业），我们要清楚地认识到互联网为群众文化建设提供的便利及相关的不利影响。

第二节　新媒体时代的群众文化工作

随着生活水平的提高，人们对于精神文化生活提出了更高的要求，加强群众文化建设成为新时期社会主义精神文明建设的重要任务。文化是一个国家、一个民族的灵魂。文化兴则国运兴，文化强则民族强。

近年来，信息技术发展迅速，以网络技术和数字技术为基础的新媒体被广泛应用到人们的生活和工作中，新媒体凭借良好的互动性、高效的信息传播等优势，受到广大群众的关注和追捧。在这种形势下，人民群众逐渐忽视了传统的群众文化活动的重要作用，新媒体时代如何实现群众文化活动的有效组织和开展成为群众文化工作者面临的重要课题。

一、新媒体对群众文化工作产生的作用

新媒体作为信息传播手段，在很大程度上能够解决政府群众文化工作面临的困境，扩大受众面，通过加强社会影响力来加强传播效果。

（一）打造正规传播渠道，扩大受众范围

群众文化服务机构可利用新媒体拓宽群众文化传播范围，建立群众文化信息传输网络，开展网上展览、网上辅导、网上授课等服务。同时，因为新媒体

公众认证机制，并有政府公信力背书，可以确保信息输出渠道的正规性。以科协的科普工作为例，科技馆作为科普宣传实体，可以利用场馆开设展览、讲座等活动，但是正因为场馆空间的固定性，使得科学传播仅限于小范围，如果想要扩大受影响人数，就只能在时间上无限延长并不断重复展览与讲座内容，这将耗费巨大的人力、物力。倘若建设一个网上平台，将每期展览、讲座内容数字化存放，开设虚拟展览馆、虚拟讲台，并打通各类网络终端，既可以保证展览内容线下线上的一致性，确保实体展览按时布展、撤展，同时也可以保证无法在限定时间内参加活动的群众能够在第一时间查看科普内容，甚至在活动结束后仍能根据需要追溯回看。这样，科普宣传实体的内容就能得到最大限度的利用，进而降低宣传成本并提高宣传力度。

（二）提供和谐互动平台，实现服务社会化

由于群众文化服务机构通常并不设立一线窗口单位，因而缺少了很多与群众当面交流的机会，但工作的性质又要求群众文化工作深入群众。依照传统一对多的传播形式，迫于人员的匮乏，群众文化工作无法完全实现社会化，但是新媒体的使用就可以打破这一僵局，利用网络的扁平化特征设立虚拟的一线窗口，通过官方账号、互动平台将服务机构与文化受众对接，能真正实现群众文化服务社会化。

科协经常举办科学讲座、科技培训等活动，但如何选题始终是关键问题，因为很难在保证活动即时性的同时满足所有受众的需求。但是开设官方微博与微信公众号后，可以通过发起问卷调查、筛选数据等手段，罗列出公众感兴趣的话题，并及时开展相关的系列活动，能够实实在在地帮助受众解决问题，让科学传播、科技推广真正落地。

（三）整合信息资源碎片，确保传播一致性

不论是在传统媒体还是在新媒体的传播过程中，信息往往都是以多点碎片

状态存在的，如果不能尽可能将所有碎片拼接在一起，就有可能造成盲人摸象的后果，这个问题在科学文化传播中尤其明显。新媒体的网络特点使得任何信息都有可追溯性，在传播过程中可以将有关的链接、图片、视频、文字都整合在一起，全方位地还原被传播对象。对同一事物的不同评论、不同介绍都可以保留，让公众有对比有选择。

2015 年，中国科学家屠呦呦获得诺贝尔生理学或医学奖，成为第一个获得诺贝尔自然学奖的中国人。之后杭州科协开展了一系列与青蒿素相关的科学讲座与展览普及。在活动中，面对“是否意味着中医获得肯定”“青蒿素的萃取争议”等问题，受邀的科学家都一一做了回答，尽管参与活动的记者作了详尽的报道，但也不能把所有内容都放进报纸进行传播，那么在取舍中就会有一部分信息丢失。而在科协网站上共享的活动视频，就能完全重现科学家的讲座与回答。可见，新媒体在保证科学传播的一致性与完整性上，具备更加严谨的特征。

二、新媒体时代群众文化活动开展的新形式

在新媒体时代背景下，群众文化单位在工作中要认识到新媒体的重要作用，积极采取有效措施，抵制新媒体的消极影响，充分发挥新媒体的积极作用，从而推动群众文化活动的有效开展。

（一）借助新媒体资源优势，丰富群众文化内容

目前，网络信息技术在各行各业得到广泛应用，为新媒体创造了丰富的信息资源。群众文化活动可以充分利用新媒体的资源优势，不断丰富文化信息储备量和活动内容。例如，通过网络搜集各种传统文化的相关知识，然后指导群众文化活动的开展，同时对不良信息与恶意信息进行有效的控制和过滤。新媒体的信息资源还具有更新快速、及时的特点，可以使群众文化活动紧跟时代的步伐，将更加新鲜的文化热点展现给群众，增加群众文化内容的吸引力，进而

激发群众的参与热情。

（二）利用新媒体载体，构建群众文化活动平台

新媒体发展十分迅速，群众文化活动要充分利用新媒体载体，拓宽传播途径，从而实现群众文化活动形式的创新。传统的群众文化活动大部分通过面对面的交流互动进行，很多群众的参与积极性较低，难以达到理想效果，在新媒体时代，群众文化活动的组织者可以通过 QQ、微信、微博等载体建立群众文化活动组织体系，通过网络向各个单位或个人发送活动文件，有效提高活动的组织效率。同时，参与群众还可以在 QQ、微信等群组中进行讨论和交流，商定文化活动的相关内容和细节，从而推动活动的有效开展。

（三）利用新媒体技术，丰富群众文化活动形式

新媒体技术不断发展，涉及视频、音频、图像处理技术，为丰富群众文化活动形式提供了技术支持。在利用新媒体构建群众文化活动平台的过程中，可以充分利用新媒体技术的表现形式，为群众文化活动增添活力。文化单位可以通过动画、漫画、小视频、小游戏等形式对群众文化进行宣传，这种形式更加符合群众的娱乐文化需求，使得群众乐于接受，能够起到很好的宣传教育效果。例如，对政府的政策进行宣传时，可以将相关内容制作成动画，从而提高群众的喜爱度和关注度，让各个年龄段的群众积极参与进来，增强群众文化的宣传效果。

（四）借助新媒体技术，推动文化单位信息化建设

文化单位是群众文化活动开展的重要基地，随着新媒体技术的不断发展，很多文化单位进行了信息化建设与改造，朝着共享化、便捷化、智能化的方向不断发展。文化单位要借助新媒体技术，建立官方文化网站，将文化单位内的文化艺术信息和活动开展情况公布到网上，为群众获取相关信息提供便利途

径。此外，文化单位还可以利用网络技术，开发具有单位特色的手机客户端，将政策、法制、文化等信息融进去，让群众能够通过手机轻松、方便地了解相关文化动态。

（五）掌握新媒体内涵，培养新型文化工作者

群众文化活动的顺利开展需要一支专业素质较强的文化工作队伍。在新媒体时代，群众文化工作者需要结合现代化信息技术，不断提高自身的综合素质。文化单位要加大投入力度，为文化工作者的教育和培训工作提供充足的资金保障，通过定期组织相关的专业素质和技能培训活动，在提升文化工作者基本文化素养和职业道德的同时，加强其新媒体技术方面的应用能力，从而为信息化的群众文化活动提供人才保障。此外，文化单位还可以通过网上征集、网上培训、网上考核等方式，加强对文化工作者的管理，提升整个队伍的专业水平。

总而言之，群众文化活动是社会精神文明建设的重要组成部分。在新媒体时代，群众文化活动的开展面临机遇与挑战并存的局面，文化单位要对新媒体进行充分的了解和掌握，充分发挥新媒技术的优势，从内容、形式等方面对群众文化活动进行完善，不断丰富人民群众的社会文化生活。

第三节　新媒体在群众文化建设中的发展路径

现代社会是多元化、信息化、高效率的社会，交通方便，资讯发达，新旧媒体轮番“轰炸”令人应接不暇。人们了解情况、掌握信息的渠道有很多，可供选择的娱乐和休闲方式也多种多样。在开展群众文化活动过程中，要想吸引

更多的人参与进来，形成轰动效应，逐步达到“群众演、群众赛、群众看、群众评、群众乐”的目的更是不容易。在这种情况下，依托新媒体，尤其是互联网的作用来积蓄正能量、发挥正能量、释放正能量是非常必要也非常有效的。例如，手机、电视、电脑在中国已经非常普及，而新媒体时代的手机、电视和电脑也已经实现互联，无论对传播资讯还是了解情况来说，都非常方便、快捷、高效，可以极大地提高群众文化发展的效率。

一、群众文化是推动社会主义文化繁荣发展的基础力量

当今世界科技信息飞速发展，以互联网、手机等为代表的新媒体技术日益成为人们学习、生活、工作的重要载体，在很大程度上也改变了人们传统的生活、生产、交流、学习等的方式，这也对群众文化工作发展提出了新的更高的要求。新时期，面对新形势、新任务、新要求，如何更好地发挥新媒体的积极作用，完善群众文化网络信息平台建设，对于提高群众文化建设的针对性和实效性、提升群众文化的吸引力和感染力、推动社会主义先进文化的发展具有重要作用。

（一）充分认识群众文化建设的重要性

文化是民族凝聚力、向心力和创造力的重要源泉。群众文化是推动社会主义文化繁荣发展的基础，群众文化阵地建设是开展群众文化活动、传播先进文化的载体。深入推进文化惠民、文化利民工程，是群众文化工作的出发点和落脚点，是构建社会主义和谐文化的重要基础。因此，加强群众文化建设，既是丰富广大人民群众文化生活、构建社会主义和谐社会、促进经济社会发展的重要举措，也是推动社会主义文艺大发展大繁荣、实现中华民族伟大复兴的重要

保障。

（二）深刻分析群众文化建设的基本现状

历年来，党和国家高度重视群众文化建设，在各级党委、政府的关心支持下，广大群众文化工作者自觉响应时代和人民的召唤，以昂扬的精神状态、积极的工作热情，通过不同形式，广泛深入歌颂国家、民族和人民的伟大实践，群众文化工作呈现出了百花竞放、异彩纷呈的良好局面，群众文化创作更加积极，群众文化队伍更加意气风发，文化惠民活动蓬勃开展，文化服务体系建设扎实推进，群众文化建设取得了明显成效。

（三）清醒把握群众文化面临的新形势

当今社会，随着经济社会快速发展，人民群众对精神文化生活要求越来越高。广大群众迫切希望业余文化生活能够更加丰富，公共文化设施更加完善，公共文化服务体系更加健全，公共文化生活环境更加洁净，人们的生活不再单调，不再是在麻将桌上消磨时光，不再是在社区里“扯闲话”，而是在社区综合文化站里读书、上网，或者是早晚在广场参与群众文化活动，进行一些形式丰富多彩、群众喜闻乐见的公共文化活动。然而，新形势下，如何进一步激发社区居民的活力，让公共文化生活真正“活”起来，营造积极向上的精神文化氛围，成为广大群众文化工作者需要深入研究和探索的重要课题。

二、新媒体对群众文化活动的影响

基于实效性角度审视新媒体技术对公众参与社会活动方式的改变能够发现，新媒体技术使得公众的精神文化诉求得到满足，不过同时也使传统文化无法保持对公众的吸引。有鉴于此，应辩证地分析新媒体技术对群众精神文化活动的影响，从而实现对其中正面效应的发扬，以及对负面效应的摒弃。

（一）新媒体给群众文化活动带来的挑战

新媒体对于传统群众文化活动的开展会造成很大的冲击。新媒体技术依托信息技术创设而来，其以视频、音频、图片等形式实现使用者之间的高效信息传递与互动，新媒体具有交互性与即时性，且不受时间与空间的限制，这对于传统的群众文化活动来说，是一个巨大的挑战。新媒体传播方式和表现形式的快捷多样，使得广大群众可以随时随地获得自己想要的信息，因此对群众文化活动的关注度与参与度下降。

新媒体在媒体使用与内容选择上更具个性化，可以做到面向更加细分的受众，而传统群众文化活动由于条件的限制，在信息容量与种类上都有着很大的局限性。新媒体的互动性和参与性能够充分调动受众群体的积极性，能够让群众在互动体验中获得更加深刻的自我满足感，新媒体在信息的种类与容量上都具有极大的优势，可以充分满足受众对于多种多样的文化知识与信息的需求，这也是很多群众更愿意通过电脑或者手机进行文化信息的浏览与阅读，而对于参加群众文化活动却没有太大兴趣的原因。这也使得群众参与群众文化的积极性降低，增加了群众文化活动开展的难度。

值得注意的是，新媒体中还存在许多不良信息，如虚假信息与网络诈骗等，这些也都会给群众文化活动的开展造成一定的阻力。

（二）新媒体给群众文化活动带来的机遇

事物往往都具有双面性，新媒体技术的普及应用为群众文化活动提供了全新的发展契机。从某种程度上来说，新媒体同样丰富了群众文化活动的内容形式，使得群众文化活动的外延得以扩大，实现了对传统群众文化活动传播模式与内容方面的创新。尤其是新媒体技术以其高速的信息传播性及受众的广泛性，使得群众文化获得全新的传播介质，为群众提供了实现线上文化高效互动的契机，给传统群众文化的变革带来了更大的可能性。新媒体在传播群众文化活动的同时，本身也必将成为群众文化活动的一部分，使群众文化活动的开展突破空间与时间限制，可以在更广阔的平台上施展，使得群众文化的交流学习更为便捷。新媒体提供了多元文化的对接交流平台，使各个地区、风格迥异的群众文化活动的交流不再受到时间、空间的限制，为群众文化活动的开展提供了一个便捷的互动交流平台。另外，新媒体具有个性化特征，可以通过互动更好地了解每一个受众的文化喜好与心理倾向，这使新媒体信息能够更好地针对群众的个体需求，提供更加个性化的服务，使群众文化活动更具有吸引力。

当今社会，以网络新媒体为代表的网络信息技术快速发展，已经日益深入社会各领域，成为各种思想文化交流、交融、交锋的新阵地。新媒体环境下的基层群众文化建设应科学把握新媒体发展的新形势、新特点，充分认识新媒体环境下群众文化工作的着力点，这对于提升群众文化工作的针对性和实效性，增强群众文化的吸引力和感染力，具有重要意义。

三、促进新媒体在群众文化中发展的对策思考

新媒体在带来言论繁荣的同时也在带来言论失控与社会动荡的风险。正确看待这些问题，研究有效解决对策，对于新媒体的健康发展与社会的和谐稳定起着至关重要的作用。因此，针对上述几点问题，有以下几种解决措施。

（一）借助广大受众的社会监督，健全信息审核平台

信息审核是筛选网络信息是否适合传播的第一道门槛，在网络飞速发展的过程中，建立健全的信息审核机制，有利于从源头上有效遏制不良网络信息的大面积传播，将不良信息扼杀在初始阶段。然而，在数量巨大的网民面前，这样的审核并不好开展，因此应借助广大受众的力量。受众是网络信息的直接接收者，同时是网络低俗、虚假信息的第一受害人。因此，受众具有对媒介活动进行监督的正当权利。相关部门可以通过个人信息反馈等手段建立信息审核平台，借助广大受众的社会监督来制约网络虚假信息的传播。

（二）完善网络法律法规，逐步形成规范的网络秩序

在新媒体飞速发展的同时，法律规范应当如期而至。但是，据目前的资料来看，关于网络规范方面的立法资料还相对较少，在网络大面积普及的情况下还存在许多有待完善的法律法规。因此，应加快推进网络立法建设，依法治网，建立健全网络法律法规，注重保护公民的隐私权与著作权，使民众在享受自己言论自由的同时也可以更好地履行自己的义务，不至于为了追求个人的利益而罔顾他人的合法权利。

（三）加强舆论管控，引导舆论向正确方向发展

传播学教授郭庆光认为，国家和政府的政治控制是媒介控制的主要方面，这种控制的目的是通过法律、法规和政策，来保障媒介活动为国家制度、意识形态以及各种国家目标的实现服务。它主要包括以下几个方面：规定传媒组织的所有制形式；对传播媒介的活动进行法制和行政管理；限制或禁止某些信息内容的传播；对传播事业的发展制定总体规划或实行国家援助。

国家与政府作为强有力的管理者，在解决新媒体存在的问题上也居于主导地位。国家和政府对新媒体发展的重视和关注，将对新媒体所存在问题的解决以及对舆论的正确引导有着重要的指导作用。面对复杂的网络环境，只有国家和政府站出来指导舆论方向，切实加强网上正面宣传，才能有效解决问题，使互联网真正成为传播先进文化的崭新阵地，成为教育的重要渠道和有效载体。

（四）依托政府支持，加大技术监控治理力度

从新媒体信息的传播过程来看，新媒体传播是产业链式的传播。整个传播过程涉及内容提供商、内容集成商、移动平台提供商、移动运营商、终端提供商、渠道合作伙伴等诸多环节。因此，新媒体的内容安全，也同样需要产业链中各个环节的密切合作。在移动互联网环境下，构建针对有害内容源、有害内容传播渠道及最终目标（移动终端等）的全生态系统的防护体系，才能对信息

内容进行有效监管，从而保障移动互联网健康、有序地发展。

因此，应以政府为依托，研究不良信息传播的演化机制，加强对网络通信软件、网络传输内容的管理。规范应用商店对通信软件的检验和测试流程，使用户，尤其是抱有新异心理的未成年用户在浏览信息时受到一定的合理制约，使互联网的网络信息体系更加干净与安全。

（五）媒体人增强自身自律感，坚守职业道德，提高媒体的公信力

媒体的公信力来自媒体人的自律与其对于职业道德的坚守。作为一个媒体人，其最基本的职业操守便是在威胁与利益面前，坚守媒体从业者客观公正的态度，也只有这样，才能获得公众的信赖。面对问题深入调查，客观负责地评论，促进积极信息的传播，这是网络媒体的责任与义务。通过“自律”换“自由”，以自律公约的形式强化自我约束和管理力度，媒体才能获得公信力，从而使网民拥有一个健康、阳光的网络环境，向社会传递出“正能量”。

（六）提高网民素质，实行网络实名制

在网络普及的同时，网民也应该注重培养自己的思考与辨别能力，正确对待真实客观的负面信息报道，以避免被谣言欺骗。此外，网络的虚拟性也是网络存在大量谣言的重要原因，虚拟身份使得一些网民认为自己可以摆脱法律的规范而大肆造谣，散布非法信息。在一些重要领域实行实名制则可以辅助网络法制建设，规范网民的行为，也为网络安全与“清网”行动提供了便捷。

找出解决新媒体所存在问题的对策是社会安定与和谐的必由之路。在未来，新媒体将以更快的速度普及发展，其对社会的影响也将与日俱增。解决新媒体存在的问题，是需要国家、政府、媒体人乃至每一个公民共同努力的，也只有这样，新媒体才能健康发展，社会也才能更加和谐安定。

第四节　新媒体时代推广群众文化存在的问题及对策

在经济腾飞、科技发展的背景下，人们在物质生活得到极大丰富的同时，对精神层面有了更高的要求。人们的生活发生了实质性的变化，更加注重精神文化。现有的群众文化已经无法满足群众的文化需求，为此，群众文化工作者要积极开展群众文化推广工作，有效解决在群众文化推广中遇到的各种难题，从根本上提升群众文化建设水平，满足新媒体时代发展对群众文化推广工作的需求。

一、新媒体时代环境下群众文化推广工作中存在的问题

（一）群众文化推广内容过于单一

在新媒体时代环境下，群众文化发生了深刻变化，但是从目前群众文化推广工作实际情况来看，推广内容和推广形式具有一定的滞后性和传统性，无法满足时代发展需求。随着现代社会的发展，人们的思想发生了深刻的变化，对精神文化的想法日益多元化，有着更多的需求，群众文化推广的内容过于单一，已无法满足群众对文化的多元化需求，也无法吸引群众的注意力，这将严重阻碍群众文化推广工作的顺利进行。特别是在推广宣传一些优秀的传统文化时，虽然做出了一些改变，但由于群众获取信息的方式发生了变化，因此，现有的推广内容和推广形式也难以满足现代群众的需求。因此，群众文化工作者要紧随时代发展步伐，使用多样化的方式与方法传承、发扬优秀的传统文化。

（二）群众对群众文化的接受程度较低

不同人的审美标准不同，现阶段，相关部门和工作人员开展的群众文化推广活动在形式、内容等方面无法满足人们对群众文化的要求，导致不同人对群众文化推广活动的接受程度不同。目前群众文化推广内容过于单一，具体群众文化推广工作会忽视群众其他方面的需求，这会大大降低群众文化推广活动的影响力，不利于提高群众对群众文化的喜爱程度。在这种情况下，群众文化工作者要不断提升自身的创新能力，持续创新群众文化推广活动形式，进一步提升群众文化推广活动带来的影响力。

（三）工作人员的思想观念落后

在新媒体时代环境下，信息技术深刻影响着人们的生产与生活，促使社会充满生机，焕发出全新的活力。在具体群众文化推广工作中，很多群众文化工作者工作思想与观念落后，仍然使用传统的方式推广群众文化，没有形成与时俱进的意识，也无法满足现代化社会发展需求，这会在一定程度上制约群众文化推广工作，降低群众文化推广活动的吸引力。

二、新媒体时代环境下群众文化推广工作的意义

（一）有利于推广和弘扬我国优秀的传统文化

群众文化是扎根于民间的文化，也是我国民族文化的重要结晶，保护传统文化是各级文化单位和文化工作者的职责。在继承传统文化的过程中，收集、整理等是必不可少的流程，推广是保护优秀文化的重要方法。人民群众是保护优秀传统文化的重要载体，因此，在群众中推广群众文化，对我国优秀民族文化的弘扬十分有益。

（二）有利于有机结合我国群众文化与外来文化

改革开放以后，我国涌入了大量的外国文化，中外文化的密切交流使广大人民群众的需求和理念发生了深刻的变化。在解决洋为中用的问题时，群众文化推广工作发挥着重要作用，一方面有利于引导群众正确识别外来文化，更好地推广外来优秀文化，另一方面有利于准确地找到大众文化与外来文化的连接点，使两者更好地结合在一起。

（三）有利于在潜移默化中影响群众的价值观

群众文化活动的开展有利于满足人类各种文化需求，大型的群众文化活动更容易吸引群众的注意力，使群众有所收获和启示，激发人们产生全新需求的热情。在群众文化推广活动中，组织者和策划者会在其中融入良好的民族精神和社会主义文化精髓，让群众在参与活动的过程中深刻感受文化内涵。群众文化推广活动会在潜移默化中影响群众的价值观，利用高尚的精神鼓舞群众，利用优秀的文艺作品感染群众，使群众养成健康、科学、文明的生活方式。

除此之外，群众文化推广活动有利于提升群众的综合素养，为我国精神文明建设提供更多高素质人才。群众文化推广活动可有效提高群众的文化素养，增强群众集体认同感和社会融入感，提高群众学习主动性和积极性，为我国经济建设和精神文明建设提供更多优秀的人才。

三、新媒体时代环境下群众文化推广措施

（一）充分优化群众文化的推广工作

群众文化工作者要充分发挥新媒体的积极作用，合理应用新媒体技术，积极开设正规的新媒体账户，如微博、微信等，使用新媒体技术在账户中上传相应的图片、音频等材料。要想更好地开展群众文化推广活动，就要加强对新媒

体账户的管理工作，提供高质量的服务，努力做好群众文化推广工作，及时更新群众文化推广内容，提升群众文化推广内容的丰富性，使人民群众可以更加及时、全面地了解政府在文化领域开展的相关工作，保持文化交流渠道的畅通性，在充分考虑传统文化形式的基础上，为新媒体时代环境下群众文化推广工作的顺利开展打下坚实的基础。

（二）了解群众的文化需求

在大数据技术、云计算技术广泛应用的背景下，人们可以在大量的数据和信息中挖掘更多有效的信息。为此，在群众文化推广工作中，群众文化工作者要合理应用这些技术手段，通过分析和观察后台数据掌握群众对文化的喜爱和偏好，通过点赞数量、转发数量、评论内容等，进一步分析，准确找到群众喜闻乐见的文化，进而掌握群众的文化需求。群众文化推广部门要加大对信息技术的投入力度，通过应用先进的大数据技术，有效筛选相关数据，进而深层次地掌握群众的意见和想法，以数据统计结果为基础，积极开展群众文化推广工作。除此之外，相关部门要重点关注群众的反馈意见，真正做到有问必答。总而言之，群众文化工作者需要以群众的需求为核心开展群众文化推广活动，使群众可及时了解自己需要的文化内容，从根本上提升群众文化推广工作的质量和效率。

（三）加强与群众的互动与交流

在新媒体时代环境下，相关部门要积极建设完善的信息传播平台，给予信息传播功能足够的尊重，并充分发挥其沟通和互动功能。比如群众文化工作者可利用有奖问答、问卷调查等方式与群众沟通和交流，以缩短与群众的距离，增强群众的参与感，从而更好地推广优秀的群众文化。

（四）积极建设基层文化队伍

群众文化工作者在群众文化推广活动中发挥着积极作用，为此要着重提升他们的职业素养。具体而言，相关部门要加强对群众文化工作者的职业技能培训，并在具体培训中合理应用新媒体平台；要加强与高校的合作，从高校中招聘更多专业化的、职业素养较高的人才，以此提升团队的丰富性，实现不同文化间更好地交流与合作，实现群众文化健康可持续发展。群众文化工作者还要做好本职工作，为群众文化建设与发展提供更好的引领。除此之外，要想保证群众文化与时俱进，及时了解群众文化需求，群众文化工作者必须提升自身综合素养，促进群众文化工作有序进行。领导部门和工作人员要强化监督与管理工作，提升各项管理制度的规范性，为增强群众文化推广效果提供最重要的制度保障。需要注意的是，群众文化推广工作的开展不仅仅是为了某项活动，也是为了进一步发展知识和教育。群众文化推广工作需要全体工作者保持积极的参与态度，共同创造完善的群众文化推广体系。

（五）构建完善的信息反馈体系

现阶段，很多年轻人喜欢新媒体的主要原因是其可以实现实时互动和交流，因此，在开展群众文化推广工作的过程中，要有效利用新媒体的特征，构建完善的信息反馈体系，充分了解大众的思想。利用新媒体吸引更多群众参与到群众文化推广工作中，可以使推广工作的开展与群众的文化需求更相符，从整体上增强群众文化推广工作的社会性和实效性，开创互利共赢的良好局面。

在新媒体时代下，群众文化工作者要有效利用新媒体和群众文化工作特征，发挥新媒体技术的积极作用，打破群众文化推广工作的束缚，扩大受众范围；要充分地了解群众的文化需求，保持与时俱进的思想，更好地贯彻和落实群众文化推广工作。

参 考 文 献

[1] 孙晓瑞．群众文化建设对乡村振兴工作的推动作用[J]．商情，2022（14）：0166-0168．

[2] 李冬艳．群众文化艺术在构建和谐社会中的积极作用[J]．美化生活，2022（18）：3．

[3] 沈金玲．发展“农家书屋”助推农村群众文化建设[J]．黑龙江科技信息，2013（03）：178．

[4] 尤洪军．乡村振兴背景下的基层群众文化建设策略[J]．文化产业，2022（02）：133-135．

[5] 刘艳枫．乡村振兴背景下的基层群众文化建设路径分析[J]．核农学报，2022，36（11）：2324．

[6] 唐鹏．关于群众文化视域下民间工艺美术传承发展的思考[J]．艺术百家，2022，38（04）：144-150．

[7] 亓双双．基层文化馆在群众文化活动中的作用及实践探索[J]．文化产业，2022（15）：94-96．

[8] 杨竑．群众文化在构建和谐社会中的价值与作用[J]．农村实用技术，2018（06）：16-17．

[9] 刘悦民．多元文化视野下的群众文化建设研究[J]．文化产业，2022（15）：116-118．

[10] 周建新．群众文化的概念辨析、文化特征与时代内涵[J]．粤海风，2022（01）：59-65．

[11] 王健．如何加强基层群众文化建设的研究与实践[J]．中文科技期刊数据库（全文版）社会科学， 2023（4）：3．

[12] 李颖．基层文化馆在群众文化活动中的作用及实践探索[J]．中文科技期刊数据库（全文版）社会科学，2022（3）：4.

[13] 李莉．基层文化馆在群众文化活动中的作用及实践探究[J]．中文科技期刊数据库（全文版）社会科学，2023（1）：4.

[14] 海英丽．新时期基层群众文化建设及管理实践探究[J]．市场调查信息：综合版，2022（7）.

[15] 王歆瑜．新时期群众文化活动策划创新与实践[J]．文化产业，2022（25）：154-156.